SECRETOS
DE LA
CERVEZA CASERA

SECRETOS DE LA CERVEZA CASERA

JOSÉ LUIS BARBADO

EDITORIAL
ALBATROS

Diseño editorial: Jorge Deverill
Foto de tapa: Osvaldo Salandria
Corrección: Cecilia Repetti

Secretos de la cerveza casera
1º edición - 3000 ejemplares
Impreso en Gráfica MPS S.R.L.
Buenos Aires 2003

ISBN 950-24-1011-4

641.873	Barbado, José Luis
BAR	Secretos de la cerveza casera. - 1ª. ed. – Buenos Aires : Albatros, 2003.
	128 p. ; 20x14 cm.
	ISBN 950-24-1011-4
	I. Título. - 1. Cerveza-Preparación Doméstica

PRÓLOGO

Numerosos antropólogos aseguran que hace cien mil años el hombre primitivo elaboraba una bebida a base de raíces, cereales y frutos silvestres que masticaba para desencadenar su fermentación alcohólica. El líquido resultante lo consumía con deleite para relajarse. "Una bebida obtenida por fermentación de granos que denominan *siraku*", es la mención más antigua de la cerveza y se encuentra en unas tablas de arcilla escritas en lenguaje sumerio cuya antigüedad se remonta a 4.000 años a.c. En ellas se revela una fórmula de elaboración casera de la cerveza: "se cuece pan, se deshace en migas, se prepara una mezcla en agua y se consigue una bebida que vuelve a la gente alegre, extrovertida y feliz".

Actualmente en el proceso de fabricación de la cerveza, la malta es introducida en agua caliente. Los almidones de la malta se convierten en azúcares fermentables que producen mosto de cerveza dulce. A este mosto cocinado en la caldera, se le agrega lúpulo. La fermentación se produce cuando se agrega la levadura de mosto. Luego, la cerveza se enfría en varias etapas y a temperaturas determinadas para su elaboración. Este paso es un secreto de la cervecería. Como resultado, se obtiene la deliciosa cerveza. Finalmente sólo queda almacenarla, servirla y disfrutarla.

La cerveza es una de las bebidas actuales más populares y, por supuesto, una de las bebidas más saboreadas.

Debido a su popularidad, la industria de la cerveza se ha ido diversificando. Por eso se puede hablar de tres categorías con intereses definidos: los cerveceros caseros, las minicervecerías y las cervecerías industriales.

Los **cerveceros caseros** poseen un equipo más o menos rudimentario que permite repetir de forma casera la misma receta en distintas producciones.

Las **minicervecerías** (*brewpubs*, pequeños fabricantes) tienen un equipamiento más sofisticado que el de los cerveceros caseros: tanques, bombas, filtros... pero no llegan al nivel de industrialización que otras cervecerías. Muchas partes del proceso (por no decir la mayoría) son realizadas en forma manual (adición de grano y lúpulo, lavado de los instrumentos, etc.). La búsqueda está orientada a un perfil personal: la cerveza de "tal región" y no de "tal marca".

Por último, las **cervecerías industriales**: en el proceso se generan miles y miles de litros. Hay poca mano de obra debido a que la mayoría de las etapas está robotizada o automatizada, y las cantidades y química de los elementos están controlados minuciosamente. Las cervecerías industriales buscan bajar costos, aumentar ventas y posicionar marcas. Aunque lo hacen a través de la calidad.

¿Cuáles son los objetivos de cada una de estas categorías? un cervecero casero elabora su cerveza para disfrutarla con amigos o para saborearla él mismo. Un microcervecero hace su cerveza para venderla, pero también para disfrutarla: quiere que su "criatura" sea venerada por todos. Un cervecero industrial es un empresario con intereses económicos determinados.

ETIMOLOGÍA

La lexicografía nos ofrece como sinónimos del término cerveza, *bière* en francés (a pesar de que antiguamente se dijera en ese idioma *cervoise*); *birra*, en italiano; *beer* en inglés y *bier* en alemán y holandés. De forma que el nombre de cerveza es hoy privativo del español (sin olvidar que en portugués se dice *cerveja*) y esto sucede porque el castellano se mantuvo fiel al vocablo latino *cerevisia*, palabra tomada del latín formada por las raíces *Ceres*, que era la diosa latina de la agricultura, y *vis* que significa fuerza. En los otros idiomas citados la denominación se remonta al gótico *pivasa* que a su vez tiene como raíz sánscrita, *piv*, que aparece en el verbo *pivani*: bebo, y en el sustantivo *piva*: agua, bebida. Esta última etimología induce a pensar que las derivaciones de la palabra están más en consonancia con lo que nosotros conocemos por cerveza, que no es otra cosa que una bebida elaborada con base en agua, cebada y lúpulo.

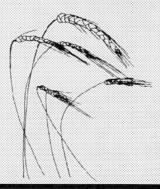

UN POCO DE HISTORIA

La cerveza es una bebida alcohólica cuya historia se ha ido desarrollando durante los últimos 5000-8000 años.

No existe un "inventor" de la cerveza e incluso tampoco un pueblo o país que pueda afirmar que fue quien primero comenzó a producirla. Lo cierto es que esta bebida existía en la antigua Mesopotamia, en África, en el Lejano Oriente y también en América.

Cada pueblo fabricaba la bebida en base a su cereal más disponible, por ejemplo:

- Cebada y trigo en la Mesopotamia.
- Mijo y sorgo en el África.
- Arroz en China y Japón (el "sake" es una variante de cerveza más que un "vino de arroz").
- Maíz en América.

Con la humedad adecuada, la temperatura apropiada y los almidones necesarios (que abundan en la atmósfera), todo vegetal queda expuesto a algún tipo de descomposición o fermentación natural que produce alcohol. Por ello es natural que, desde la prehistoria, el hombre haya conocido productos con buen sabor que le resultaban nutritivos y, si los tomaba en una cierta cantidad, llegaban a producirle un agradable estado de bienestar.

Naturalmente, estas bebidas variaban considerablemente según el clima y la flora de una localidad. Pero lo cierto es que todas las partes de un vegetal: las frutas, las bayas, la savia, las hojas, las raíces o la corteza han sido utilizadas en un momento y un lugar para obtener de ellas bebidas alcohólicas.

Así, la cerveza, obtenida a partir de los granos de cereales, es conocida desde la más remota Antigüedad, mucho antes de que se inventase la escritura, para dejar constancia de su existencia. En uno de los documentos más antiguos conocidos por el hombre, una tableta de arcilla con escritura cuneiforme de Babilonia, alrededor del año 6000 a.c., se habla de la preparación de la cerveza destinada a ser ofrenda para los dioses.

Hacia el año 4000 a.c., los babilonios ya conocían dieciséis tipos distintos de cervezas realizadas con cebada, trigo y miel. Y desde el 3000 a.c. se usan en su fabricación productos que le dan sabor amargo, para variar su paladar impartiéndole una mayor riqueza, así como para aumentar su tiempo de conservación.

El antiguo Egipto fue un país muy cervecero y, durante unos tres mil años, la cerveza fue de gran importancia tanto en la alimentación cotidiana como en las prácticas religiosas.

En China ya se usaba de un modo corriente hacia el 2300 a.C. y los antiguos incas tomaban, mucho antes de ser "descubiertos", una cerveza obtenida a partir del maíz.

En uno de los libros sagrados de la religión hindú, el Rig-Veda, escrito en la India hacia el año 1000 a.C., podemos leer una plegaria a Indra en la que se le hace la ofrenda de una bebida intoxicante conocida como "soma", que se hacía con el jugo de una planta trepadora, la asclepas. Era un producto especial, solemne, que no bebía el pueblo, que tenía que contentarse con el "sura", preparado con una planta conocida por el nombre de panicum, al que se le agregaba miel, mantequilla fundida, requesón, cebada y agua.

Según el Zend-Avesta, el libro sagrado de los antiguos persas, hacia el año 1000 a.c. este pueblo tenía bebidas similares a las citadas. Y, a pesar de que la sensación de ebriedad estaba totalmente prohibida por los preceptos morales de Zoroastro, éste, en cambio, sí recomendaba hacer libaciones de bebidas intoxicantes entre las ofrendas a los dioses, como parte de los rituales religiosos. Así, desde siempre, la cerveza aparece ligada a las religiones de la Antigüedad, e incluso en la mitología egipcia se nombra a la cerveza como "presente" en el momento de la creación del mundo.

En Europa, antes del auge del Imperio Romano, que fue un gran consumidor de vino, la cerveza se difundió en aquellas zonas no aptas para la agricultura de la vid; además de otras bebidas semejantes tales como el vino de cebada.

Igualmente, los celtas de algunas regiones europeas elaboraron una bebida denominada "kurmi", de la que Dioscórides decía, hacia el año 25 a.C., que provocaba jaquecas, flojera en las rodillas y sangre cansada, aunque sin indicar la cantidad que era necesario ingerir para llegar a tan desastrosos resultados. Los galos, que también tenían el vino de sus viñas, no desdeñaban su "cerevisia".

En regiones que eran productoras de uva, como España, la influencia de los pueblos que emigraron del norte, como los celtas, hizo que se produjeran cervezas tales como la "celia", que se obtenía de la cebada y la "ceria", que era producida a partir del trigo.

Por su parte, los romanos conocían la cerveza de sus vecinos del norte, pero preferían el vino y trataron de introducirlo en los territorios cerveceros que conquistaban. Sin embargo, en buena parte de éstos cohabitaron ambas bebidas alcohólicas. Así, los sajones adoptaron el vino que llegaba de Roma para beberlo en las grandes ocasiones, pero su "ale" y su "meth" siguieron siendo las bebidas populares, y de ellas se nos habla en la epopeya del Beowulf. El "ale" es una cerveza que aún hoy tiene la preferencia de muchos europeos del norte. Es vinosa por naturaleza y con un alto contenido alcohólico, mientras que el "meth" o "mead" es nuestra hidromiel, bebida obtenida de la miel y el agua, y que quizá haya sido una de las primeras bebidas alcohólicas producidas por el hombre.

Hasta la Edad Media la preparación de la cerveza era un trabajo que se llevaba a cabo en el seno de las familias y, naturalmente, recaía sobre las mujeres. Luego, pasó a ser una verdadera industria que se realizó en cervecerías instaladas en los monasterios y en los pueblos.

Así, entre las órdenes monásticas del norte de Europa, la fabricación de la cerveza era considerada como una parte importante de la vida (como la del vino entre las del sur), puesto que, junto con el pan, eran los dos elementos más importantes de la dieta de los monjes. Tanto es así que la ración diaria de alguno de ellos podía llegar a los cuatro litros.

Otras bebidas de esa época eran la sidra de los celtas y el "piment", una mezcla de vino, miel y especias.

Por su parte, la nobleza también contaba con un buen suministro de esta bebida, por ello no resulta extraño que el *Capitulare de Villis Imperialibus* mandado a redactar en el 812 por Carlomagno, se cite la profesión de cervecero como una de las que deben de ser protegidas por los administradores públicos.

Hacia el siglo XI ya existía un importante comercio de cerveza, que se hallaba en manos de la Iglesia: los monjes eran los mayoristas de esta bebida y los judíos los minoristas. Esto se debía a que a los hombres de la Iglesia les estaba prohibido obtener provechos materiales de sus actividades.

La cerveza era tan apreciada en esta época que formaba parte de la economía medieval. Fue empleada como moneda para el pago de diezmos e impuestos; en el comercio, como bien de trueque, etc. También por esta época, los ya importantes burgos comenzaron a exigir a sus señores una mayor libertad, apoyándose en su creciente poderío económico: los gremios tenían más y más importancia (entre ellos, se destacó el de los cerveceros) y el comercio floreció hasta límites insospechados.

En el siglo XIV surgen grandes fábricas de cerveza en Alemania de gran reputación por su calidad y con un producto muy exportable. En el 1376, en el mayor centro cervecero del mundo en esa época, Hamburgo, había más de un millar de maestros cerveceros.

De Alemania llegó a España la cerveza, con el séquito del emperador Carlos I, que trajo sus propios maestros cerveceros flamencos para que en Madrid le preparasen su bebida favorita. Pero no consiguió hacer compartir su afición a sus súbditos, más habituados al tradicional vino peleón español.

Esta cerveza, que sólo se producía en invierno, estaba fermentada, muy malteada y con gran cantidad de lúpulo, lo que permitía que se conservase durante largo tiempo y que pudiera comercializarse hasta en Jerusalén.

Hacia finales del siglo XVI se produjo una cierta recesión en la producción cervecera alemana, que coincidió con el auge de la británica. Así, las cervezas de las islas llegaron a imponerse en el mercado francés.

Además de la cebada, el ingrediente base para producir cerveza casera, que le ganó, con el tiempo, la pulseada al trigo (que por las características de su grano, tiende a tapar el drenaje de líquido) y produce panes más suaves y espumosos, el otro ingrediente básico es el lúpulo. Aquí el inicio de su uso no puede asegurarse, aunque sí sabemos que fue mucho tiempo después de nacida la bebida. La primera referencia a este ingrediente fue realizada por la monja benedictina Hildegard von Bingen, abadesa de Rupertsberg, Alemania, que vivió entre los años 1098 y 1179.

En 1516, las autoridades bávaras introdujeron las leyes de pureza de la cerveza (*Reinheitsgebot*) que restringieron las materias primas aptas para su elaboración a cebada malteada (también conocida por nosotros como "malta"), agua y lúpulo. Faltaba un pequeño detalle que sería descubierto recién más de tres siglos después: la levadura.

Hasta ese momento, la fermentación era un proceso que se producía en forma casi mágica, conocida pero incomprendida. Las levaduras actuaban por sí mismas, no se cultivaban ni eran introducidas de forma consciente dentro del proceso se producía una fermentación espontánea.

Naturalmente, los británicos llevaron consigo la cerveza en sus cohquistas y así las colonias del norte de América se convirtieron en productoras de esta bebida alcohólica. Producción que mejoró considerablemente con la llegada masiva de inmigrantes alemanes en el siglo XIX.

En el siglo XX y en el momento actual la cerveza es conocida en todo el mundo: en Europa, hay países que se destacan por su producción, como Alemania, Gran Bretaña, Holanda o la República Checa, además de la presencia de fábricas en todos los países del Viejo Continente. En América se observa una gran producción en los Estados Unidos y Canadá, pero también existen excelentes marcas en México, el Caribe y en América del sur. También hay una gran producción en Australia y Nueva Zelanda. En África hay gran cantidad de cervecerías, sobre todo se destacan las de Nigeria y las de Sudáfrica. Encontramos en Asia cervezas tan tradicionales (y de calidad) como las de China o Japón... o la cerveza San Miguel, orgullo de las Filipinas.

LA CERVEZA EN LA ARGENTINA

EL PANORAMA ARGENTINO

Aunque el cultivo de la cebada cervecera data de comienzos del siglo XX y ha atravesado por distintas etapas de desarrollo, fue en la década de 1990 cuando adquirió mayor importancia económica.

Entre las principales causas que impulsaron el crecimiento de la producción pueden mencionarse: el aumento del consumo de cerveza, tanto a nivel local como regional (fundamentalmente en Brasil), y el proceso de integración regional materializado con la entrada en vigencia de los acuerdos del MERCOSUR, que brindó un nuevo escenario a este cultivo.

Los aumentos de los ingresos reales provocados por los procesos de estabilización y ajuste estructural implementados sobre todo por Brasil y la Argentina tuvieron un efecto positivo sobre el consumo de cerveza. Sumado a ello, en nuestro país se ha observado un cambio en las pautas de consumo de bebidas alcohólicas, y el caso de la cerveza es el más destacado, puesto que entre 1981 y 1994 su consumo se quintuplicó.

En la Argentina se observa una expansión del área sembrada con cebada cervecera. Si se toma como referencia los dos últimos quinquenios (1988/89-1992/93 y 1993/94-1997/98), se incrementó en alrededor del 21% el área sembrada.

La principal provincia productora de cebada cervecera es Buenos Aires. La campaña de 1997-98 y las posteriores hasta el 2001 mostraron una concentración de la superficie sembrada en el noroeste de Buenos Aires (zona que adquirió importancia a partir de la campaña 1992-93 y en las siguientes campañas hasta el 2001) y en la zona sudeste (típica zona cebadera). Además, se verificó la expansión del cultivo a otros partidos, considerados como "nuevos" para la producción de cebada, o por lo menos en los que no se cultivaba desde la campaña 1975-76 como Lobería, Balcarce, Necochea, Tandil, Saladillo, etc.

Las unidades productoras son establecimientos mixtos o agrícolas de superficie variable según las zonas; existen productores con 50 hectáreas de cebada y otros con 1.000 hectáreas.

También se ha registrado una importante expansión industrial, reflejada en altos porcentajes de aumento de la capacidad instalada para el procesamiento de la malta. Las cuatro empresas que operan en el país aumentaron su capacidad de malteo en un 59% desde 1991. Es evidente que las inversiones realizadas impactaron sobre la composición de las exportaciones hacia Brasil, modificaron el porcentaje de participación de la malta en detrimento de la cebada cruda. Además, a diferencia del Uruguay, la Argentina orientó su producción principalmente al mercado interno, puesto que éste —tal como se ha indicado—, se expandió de manera notable por un aumento del consumo *per capita* de cerveza.

Las variedades comerciales registradas son varias. Las más antiguas y las que ocupan mayor superficie de siembra son Quilmes Pampa, Quilmes Alfa y Quilmes 271.

En los últimos años, se han registrado nuevas variedades: Quilmes Sur, Golondrina, Quilmes Palomar, Carla INTA-MP, B.1215, B.1202, Goldie y Maud.

EL CULTIVO
DE LA CEBADA

Para competir con otros países productores, es necesario hacerlo con un producto de alta calidad que cumpla adecuadamente con los requisitos del mercado internacional. En este aspecto los productores deben controlar los factores relacionados con el manejo del cultivo para obtener un producto de calidad.

El cultivo se debe implantar en lotes de mediana a buena fertilidad, de manera que puedan obtenerse altos niveles de rendimiento y calidad aceptable.

Los suelos de baja fertilidad afectan el rendimiento, mientras que, en caso de lotes de alta fertilidad (provenientes de alfalfares y pasturas perennes), el grano tiene altos niveles de proteínas, lo que perjudica la calidad industrial. Se deben desechar aquellos lotes que el año anterior hayan tenido cebada, para evitar posibles mezclas.

La preparación del suelo debe hacerse de la misma forma y con el mismo cuidado con que se hace el del trigo. Para la obtención de un cultivo con elevado rendimiento, es imprescindible la práctica de un buen barbecho. Así, se controla la maleza, se almacena humedad, se favorece la actividad microbiana y la disponibilidad de nitrógeno.

El período de siembra de cebada cervecera se extiende desde mediados de junio a mediados de agosto (60 días). Esta amplitud le permite al productor esperar a tener la humedad necesaria para asegurarse una buena germinación e implantación del cultivo. Un cultivo bien implantado es como tener "la mitad de la guerra ganada".

La fecha óptima de siembra es la primera quincena de julio, no obstante, si se producen lluvias con anterioridad, es conveniente adelantar la siembra.

La densidad varía según la fecha de siembra: en la época temprana (junio), es de 200 plantas por m^2; en la época intermedia (julio), es de 230 plantas por m^2; y en la tardía (agosto), de 260 plantas por m^2.

Durante el desarrollo del cultivo, la competencia de maleza disminuye la capacidad productiva y sobre todo afecta la calidad industrial del grano en el silo. De allí la importancia de realizar un buen control de malezas, para poder realizar una cosecha limpia.

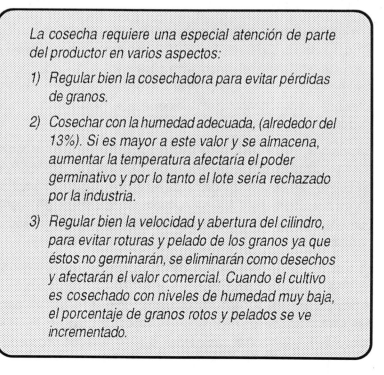

La cosecha requiere una especial atención de parte del productor en varios aspectos:

1) *Regular bien la cosechadora para evitar pérdidas de granos.*

2) *Cosechar con la humedad adecuada, (alrededor del 13%). Si es mayor a este valor y se almacena, aumentar la temperatura afectaría el poder germinativo y por lo tanto el lote sería rechazado por la industria.*

3) *Regular bien la velocidad y abertura del cilindro, para evitar roturas y pelado de los granos ya que éstos no germinarán, se eliminarán como desechos y afectarán el valor comercial. Cuando el cultivo es cosechado con niveles de humedad muy baja, el porcentaje de granos rotos y pelados se ve incrementado.*

RELACIONES CONTRACTUALES

El Complejo Agroindustrial Cervecero reconoce tres fases claramente diferenciables por el tipo de producto que se obtiene en cada una de ellas. La primera consiste en el proceso de producción primaria cuyo producto final es la cebada cervecera; la segunda o primera transformación se refiere al procesamiento de la cebada y obtención de la malta; y finalmente la tercera es la transformación de malta (como insumo principal) en cerveza.

En todo este proceso, y en cada una de sus fases, intervienen distintos agentes económicos que establecen relaciones entre sí y desarrollan estrategias particulares. La relación contractual entre los productores de materia prima y las industrias de primera transformación es relevante para definir la competitividad de la producción.

La cebada cervecera es uno de los cultivos que participan de un sistema contractual, mediante el cual la industria compra materia prima a través de representantes comerciales (acopiadores y cooperativas) o en forma directa, a grandes productores o a aquellos que multiplican la semilla.

En comparación con otros cereales de la Pampa húmeda, la cebada es un caso particular, puesto que fue un cultivo impulsado activamente por la industria, que introdujo determinadas variedades, controló su producción y orientó la investigación hacia el mejoramiento genético para adecuar la oferta y la calidad de la materia prima a sus requerimientos.

A pesar de que esta afirmación parecería muy contundente en lo referente al control de la producción, es necesario establecer una diferencia entre el control sobre la superficie que debe ser destinada a la producción, y el control sobre el proceso de producción mismo.

En efecto, por ser la industria la que determina la cantidad y calidad de insumo básico (semilla) que va a distribuirse para su producción a través de distintos agentes, puede apreciarse la influencia en forma directa sobre la superficie para sembrar y, por ende, sobre un posible volumen de producción. Sin embargo, no existe un control estricto de las industrias sobre las unidades productoras de materia prima, en lo referente al ajuste del paquete tecnológico para lograr una producción estable desde el punto de vista del volumen como así también de la calidad de la materia prima.

En este sentido, el control de calidad que se realiza durante el proceso de desarrollo del cultivo está a cargo principalmente de los productores. La industria está encargada del control de calidad en "boca de entrada de fábrica", donde si una partida no reúne los requisitos de calidad para ser sometidos al proceso de primera transformación (obtención de malta), se rechaza o se castiga a los productores con menores precios.

No obstante, la industria marca el ritmo de crecimiento de la producción primaria e influye de alguna manera en la toma de decisiones de los productores a través de las relaciones contractuales. Estas relaciones entre unidades de producción que generan una oferta totalmente atomizada e industrias que representan una demanda altamente concentrada, presentan ventajas y desventajas para ambas partes de los agentes económicos que intervienen en la cadena.

El productor, al optar por un sistema de agricultura bajo contrato, se asegura un precio de venta, proyecta su resultado económico desde la siembra y se independiza de las variaciones del precio en el momento de la cosecha. Pero en las unidades productivas que conforman la oferta, el productor sólo dedica un porcentaje de su superficie a la cebada cervecera y no pierde la capacidad de decisión sobre el resto de la empresa.

En consecuencia, no se trata de productores especializados en cebada cervecera ya que ésta no suele constituir el cultivo principal de sus sistemas productivos. Además, no se requieren inversiones específicas en capital de explotación fijo para realizar el cultivo, más allá de las existentes, tal que condicionen futuras decisiones en cuanto a la planificación de dicha unidad. Este hecho genera una gran libertad a la hora de asumir un contrato de producción.

La duración del contrato está adecuada a las necesidades de la empresa y a las características intrínsecas de la materia prima que necesita adquirir. Son contratos anuales y responden a los ciclos estacionales de producción.

Resulta conveniente señalar la diferencia que existe entre la duración del contrato y la duración de la relación entre los agentes que efectúan los contratos. El primero se refiere a la vigencia temporal del conjunto de derechos y obligaciones que se pactan. El segundo escapa a dicha vigencia y se extiende más allá, puesto que contempla la continuidad de la vinculación que puede tomar la forma contractual o la de solidaridad productiva basada en la credibilidad de las partes y donde ambos se beneficien.

En el primer tipo de relación contractual que puede presentarse, las condiciones que figuran en el contrato son determinantes para la duración, para la continuidad de la relación y para la estabilidad contractual. El productor puede ejercer su independencia y en definitiva evitar depender estrictamente de la industria.

Otra posibilidad es que la relación anterior sea intermediada a través de una cooperativa o acopiador local. En este caso la relación contractual planteada sería del tipo que se detalla a continuación.

Aunque nuevamente las condiciones establecidas en el contrato actúan de la misma forma respecto a las determinantes anteriores, ahora hay que sumarles otras, externas al contrato, vinculadas al conjunto de relaciones que se plantean entre la cooperativa o el acopiador con el productor. Este último no sólo pone en juego sus derechos y obligaciones contractuales, sino también queda incluido en otro conjunto de obligaciones no contractuales con la cooperativa-acopiador. En efecto, si se diera el caso de algún incumplimiento ligado a los compromisos asumidos vía contrato, podrían afectarse el conjunto de relaciones que tiene planteadas con el agente intermediario de contratación.

Es evidente que el grado de dependencia de situaciones como la descripta anteriormente está relacionado con las alternativas que tenga el productor para la comercialización local de su producción.

En resumen, la relación entre los productores de cebada y las malterías estaría caracterizada por: a) ser una relación indirecta. El 85% del volumen de producción absorbido por las malterías se realiza a través de una relación tal como la desarrollada precedentemente; y b) la independencia para la toma de decisiones de los productores. Si bien es cierto que está relacionada con los compromisos financieros asumidos con la empresa compradora (a mayor endeudamiento menor independencia), puede considerarse que el productor mantiene su poder de decisión.

¿CÓMO SE HACE LA CERVEZA CASERA?

CLASIFICACIÓN

Las cervezas están divididas en dos grandes grupos o familias. Y esta división está dada por el tipo de levadura utilizada para la fermentación.

Una de las principales familias de cerveza son las **Ales**. Las Ales se fabrican con levaduras de fermentación superior, usualmente a temperaturas cercanas a la temperatura ambiente. Tienen una tendencia a poseer un carácter más frutal que las Lagers. Las Ales pueden ser de cualquier color y con diversas fuerzas. Ejemplos: Bitter, Porter, Stout, India Pale Ale, etc.

La otra familia primaria de cervezas es la **Lager**. Se fabrica con levaduras que tienen fermentación de base. "Lager" significa "para guardar", y este tipo de cerveza se caracteriza por su larga maduración, durante la cual se torna suave y redonda. Otra característica de estas levaduras es la temperatura de fermentación: a diferencia de las Ale, las Lager necesitan entre 8º y 11º C de frío. Esto hace más difícil producirlas en forma casera.

Algunos de los estilos de cervezas dentro de estas dos grandes familias son:

Alt, Vino de Cebada (*barley wine*), Berliner Weisse, Bitter, Bock, Cream Ale, Dry Stout, Doppelbock, Dubbel, Framboise, Lámbica, Marzen, Licor de Malta, Oatmel Stout, Pale Ale, India Pale Ale, Pilsner, Porter, Scotish Ale, Sweet Stout, Trappist, Trigo, Oktoberfest y varias más.

INGREDIENTES BÁSICOS

La cerveza es una bebida alcohólica fabricada a partir de la combinación de agua, cebada malteada, lúpulo y levadura (no se usa la de panadería).

La malta, en combinación con el agua a una temperatura adecuada, produce azúcares que, luego de mezclados con el lúpulo, son almacenados en condiciones determinadas con la levadura. Ésta fermenta los azúcares y los convierte en dióxido de carbono, y en un producto un poco más divertido: alcohol etílico.

Cebada

El componente básico es la cebada malteada, conocida normalmente como malta. En principio se puede maltear cualquier cereal. El proceso de malteado consiste en dos fases: la fase de germinación, en la que el grano es sometido a determinadas condiciones de humedad que lo hacen germinar; y la fase de secado en la que, cuando el brote alcanza el tamaño del grano, se lo somete a un secado por aire caliente a bajas temperaturas durante un tiempo largo (2 o 3 días), con lo que se mata el brote y se detiene el proceso de germinación. Con este proceso aparentemente intrascendente se consigue que la madre naturaleza transforme el almidón insoluble, reserva de energía del grano sin germinar, en azúcares y demás sustancias solubles y fermentables.

Se ha comprobado que la longitud del brote es un indicativo de cómo se produce esa conversión almidón-azúcares en el interior del grano. Si se seca el grano antes de que el brote llegue al tamaño de dicho grano, quedará almidón sin transformar, y por el contrario, si se deja que el brote siga creciendo por encima de este tamaño, los azúcares se empezarán a usar para alimentar el brote. Los anglosajones llaman *well modified* al grano secado en su punto correcto y *under modified* al secado en un punto anterior.

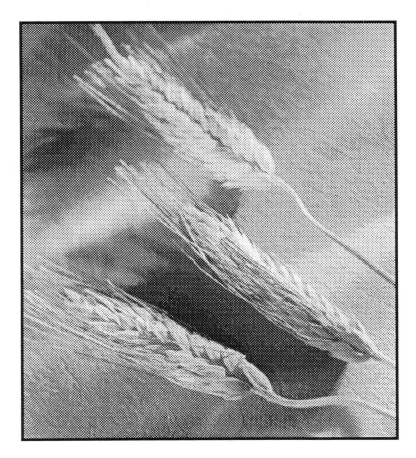

Agua

El agua es la materia prima que se usa en mayor cantidad. Para la obtención de un litro de cerveza se calcula que se usan alrededor de siete litros de agua. Se necesita agua para el malteado de los cereales, para su limpieza, para la maceración, para la clarificación del mosto, para la refrigeración y para la limpieza en general, entre otras cosas. Para la elaboración de cerveza es suficiente que el agua sea potable, es decir, que no contenga bacterias patógenas que puedan traer o provocar enfermedades al ser humano. Para la elaboración de diferentes estilos de cerveza es necesario que el agua tenga las mismas características que el agua de la ciudad de donde procede ese estilo de agua.

Lúpulo

El lúpulo (*Humulus lupulus*) es una planta perenne que, partiendo de una raíz o rizoma, empieza a crecer desplegando tallos en primavera, y alcanzando su madurez (unos 5-8 metros de largo) al principio del otoño, según su variedad. En su madurez se recolectan sus flores de tacto papiroso que son las que, una vez secadas, se hervirán junto con el jarabe de malta obtenido.

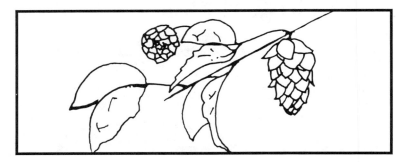

La flor de lúpulo también contiene esencias en forma de aceites que aportan el aroma a la cerveza.

Variedades de lúpulo más utilizadas

Las flores de la planta del lúpulo son las que imparten el sabor amargo y el aroma floral que tienen las cervezas.

Con amargor de base

Lúpulo de la variedad Brewers Gold con un 7,5% de ácidos alfa. Es un lúpulo de aroma pobre, pero con un amargor claro y definido. Se cultiva en el Reino Unido y en los Estados Unidos de Norteamérica. Principalmente se utiliza como lúpulo de amargor en las cervezas tipo Ale.

Con aroma

Lúpulo de la variedad Goldings con un 4% de ácidos alfa. Normalmente de aroma floral, se utiliza principalmente como lúpulo de aroma y acabado en las Ales.

Aunque también se encuentran en el mercado como flores secas, ahora sus flores se envasan como gránulos, lo que asegura una mejor conservación. Las flores son secadas, limpiadas y trituradas para empaquetarlas posteriormente en gránulos.

La palabra lúpulo viene del latín *lupo* que se traduce como "lobo". Es una planta de la misma familia que el *Cannabis sativa* (marihuana) pero no contiene HTC, componente que produce efectos estupefacientes cuando se fuma, ingiere o inyecta.

Levadura

La levadura es el microorganismo que se nutre de los azúcares fermentables contenidos en el mosto y que produce como subproductos alcohol etílico y dióxido de carbono (que mezclado con el agua se convierte en anhídrido carbónico) bajo condiciones de ausencia de oxígeno. Si existe oxígeno en el mosto, la levadura lo consume para multiplicarse y producir pequeñas cantidades de agua.

Hay dos tipos de levadura de cerveza: la Ale y la Lager.

La tipo Ale es una levadura que tiende a fermentar en la parte superior del envase de fermentación (los anglosajones la llaman *top fermenting yeast*) y que trabaja bien a temperatura ambiente de hasta unos 25º C, produciendo una cerveza con connotaciones frutales. Debido a estas características, esta levadura se usa intensivamente en la elaboración de cerveza casera.

Buscando elaborar una cerveza con menos carácter y apoyados por la aparición de la refrigeración mecánica, a finales del siglo XIX comenzó la investigación sobre otro tipo de levadura: la Lager.

Aislada en cultivo puro en 1888 por el Dr. Emile Christian Hansen de la cervecera Carlsberg de Copenhague, la *Saccharomyces carlsbergensis* es una levadura que fermenta en el fondo del recipiente de fermentación (*bottom fermenting yeast*) a una temperatura cercana a los 10º C, y por lo general produce una cerveza más suave y con menos carácter que la Ale, ideal para comercializarla para todos los gustos.

Entre estos dos tipos de levadura, se encuentran multitud de variaciones y familias, por lo que la diversidad de cervezas para elaborar es muy extensa.

UTENSILIOS Y ELEMENTOS NECESARIOS

Equipo básico

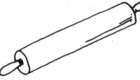

Palo de amasar o procesadora, reemplazan al molinillo.

Heladerita de camping con desagote en la parte inferior.

Probeta de base plana de 250 cm³ para medir con el densímetro.

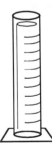

Termómetro de 0º a 200º C y densímetro de 1000 a 1100.

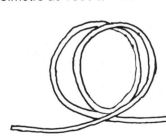

Manguera cristal de unos 6 o 7 metros.

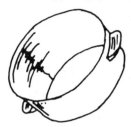

Caño de cobre de ½ pulgada o menos.
Con una extensión de 5 o 6 metros.

Olla grande de 20 litros (lo ideal es usar
una de acero inoxidable, pero puede ser
enlozada. Para realizar un primer intento,
puede usarse una de aluminio).

Bidón de plástico de
más de 10 litros.

Tres litros de alcohol (para
desinfectar).

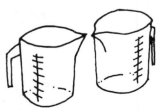

Dos jarritas de plástico de un litro
(pueden ser de vidrio o incluso de
metal o similar).

Cocina de gas.

Cucharón de plástico de cocina.

- Más o menos 4 o 5 horas de tiempo.

CERVEZA TIPO ALE ESCOCESA

Ingredientes

2,50 o 3 kg de malta pálida

200 grs de malta tostada

5 grs de levadura

37 grs de lúpulo

agua

azúcar

Procedimiento

Para elaborar quince litros de cerveza tipo Ale deben tenerse en cuenta los siguientes pasos.

 **Proceso de malteado**

Aunque el malteado es un proceso sencillo, es engorroso de realizar por nosotros en forma casera. Por lo tanto conviene comprar la malta a una empresa malteadora.

Se puede tostar malta de color pálido, preparada para obtener una cerveza clara tipo Lager de comercialización estándar, y conseguir, mezclando los dos granos, que la cerveza resultante tenga un toque de color más oscuro. En cualquier caso, no conviene usar más del 10% de malta tostada porque el proceso de tostado en el horno hogareño produce caramelo no fermentable en el interior del grano, que pasa directo a la cerveza y la endulza.

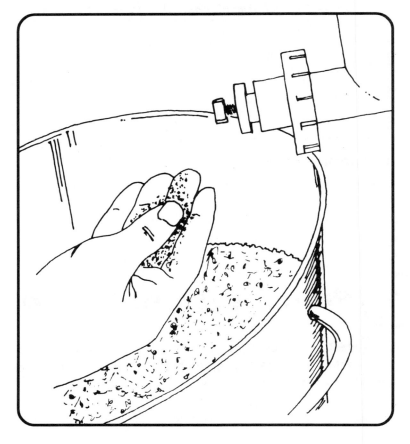

2) Molienda del grano de malta

La molienda del grano es un paso muy importante porque el objetivo es extraer del grano la máxima cantidad posible de azúcares y sustancias solubles, para que la cerveza sea más deleitable.

El método para extraer los azúcares de la malta ya molida es mantenerla en un baño de agua a temperatura constante de unos 65º-68º C durante unos 90 minutos, para luego lavar el grano renovando el agua constantemente. Para facilitar esta labor de lavado, el recipiente que alberga la disolución debe tener un drenaje que permita extraer parte de la disolución al mismo tiempo que se le añade agua caliente nueva. A estos dos procesos, infusión y lavado, los anglosajones lo llaman *mashing* y *lauthering*.

El grano debe molerse de una forma especial. No se busca obtener harina moliendo el grano en forma fina, ya que si se la sumerge en agua caliente se formará una pasta de la cuál será muy difícil extraer algún tipo de jarabe azucarado de la malta.

La forma correcta es romper el núcleo del grano en pequeños trocitos para no romper la cáscara. La cáscara juega un papel muy importante en la infusión ya que impide la formación de pelotas de harina y actúa así de filtrante natural facilitando la extracción. Por eso se dice "aplastar el grano" en lugar de "moler el grano".

Por lo tanto en una buena molienda se deben observar trocitos más o menos blancos del núcleo roto, cáscaras lo más enteras posibles, algún grano entero y un poco de harina. Esta variedad de tamaños es importante para los diversos procesos que se van a desarrollar en los 90 minutos que dura la infusión a la que va a someterse al grano.

Para moler pueden utilizarse molinillos caseros o procesadoras. No obstante, para empezar, puede usarse un rodillo de amasar sobre una tabla. Echando poco a poco el grano y con movimientos de vaivén como si extendiese masa de harina para hacer pizza y apretando bien contra la tabla, puede aplastarse el grano hasta conseguir el nivel de molido adecuado.

③ Extracción de los azúcares de la malta

Preparación del jarabe

El método que se emplea para extraer los azúcares y sustancias solubles presentes en la malta molida consiste en la realización de un amasijo con la malta en agua caliente alrededor de 67º-68º C y con el mantenimiento de dicha temperatura durante 60 a 90 minutos. A este proceso, los anglosajones lo llaman *mashing*.

Transcurridos los 90 minutos, se empieza a drenar el jarabe azucarado obtenido y se va reemplazando paulatinamente por más agua caliente, de forma tal que después de unos minutos se obtengan los 15 litros de jarabe azucarado en un recipiente, y en el amasijo quede sólo el salvado y las sustancias no solubles.

Empleo de la heladera

El jarabe se coloca en un recipiente capaz de mantener una temperatura constante durante un período más o menos largo; además de extraer y reemplazar parte de su contenido sin alterar demasiado la temperatura de su interior. Esto se logra con una heladera de camping.

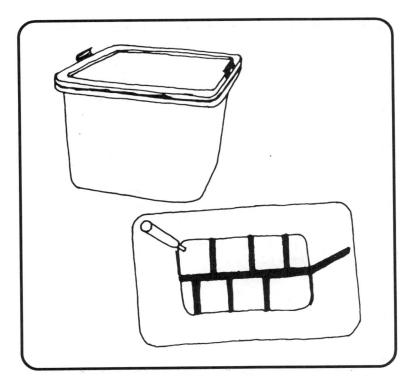

Aunque en principio conviene usar una heladera que soporte el calor (la mayoría están diseñadas para mantener el frío, no el calor), las temperaturas máximas para trabajar son del orden de 80º C, y por lo tanto cualquier heladera realizada con buen plástico debe funcionar bien.

Aunque sólo se debe extraer el jarabe y no el grano molido, no sirve únicamente hacerle un agujero a la heladera, poner una canilla y pasar a otra etapa.

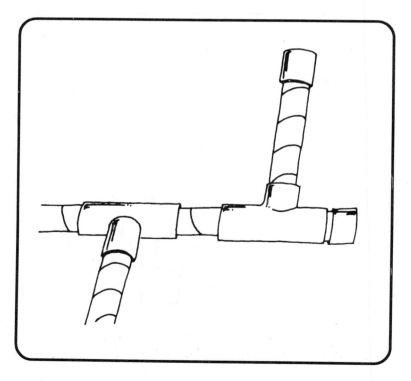

Entramado de cobre de la heladera

Para preparar la heladera hay que realizar una especie de entramado con un tubo de cobre como el que se usa para las conducciones de agua potable. Para eso, se utilizan tramos rectos, empalmes en forma de T, un codo de 90º y tapones ensamblado entre sí, sin soldar. Este material, que debe ser todo de cobre, se puede comprar en ferreterías.

A los tubos de este entramado se les practica un corte con una sierra de cortar metal en su parte inferior sobre la que se apoyan en el fondo de la heladera. Estos cortes, separados unos 2,5 cm unos de otros son los que van a recolectar el almíbar de la malta en infusión. También hay un tubo que sube hacia el exterior de la heladera (no lleva ningún corte) y hace de colector de los demás. En el extremo de dicho tubo se acopla un pequeño tubo de goma transparente por donde saldrá todo el almíbar que se extraiga de la malta.

Podría pensarse en realizar un agujero en un lateral de la base de la heladera y sacar por ahí directamente el tubo de cobre colector. De esta forma no sería necesario realizar ningún sifón para iniciar la extracción, ya que la fuerza de la gravedad haría el trabajo. Pero, salvo que la heladera tenga originalmente un agujero para desagüe, intentar realizar un agujero para acoplarle un tubo colector, no sería de utilidad pues lo más probable es que el agua drene por las juntas.

Otra ventaja que presenta el sistema es que, al ser totalmente desmontable, y una vez acabada de hacer la cerveza, se retira el entramado de cobre para que la heladera recupere la funcionalidad para la que fue diseñada.

La composición del agua utilizada es muy importante, ya que al fin y al cabo la cerveza es en su mayoría agua. Si el agua es potable, igual se deberá hervir durante 15 o 20 minutos. Después de hervida (se elimina el cloro), se deja reposar toda la noche.

Lo primero que hay que realizar es poner 25 litros de agua a calentar en una olla. Mientras el agua alcanza la temperatura de 77°-80° C, debe colocarse el entramado de cobre en el fondo de la heladera.

Una vez que el agua haya alcanzado los 77°-78° C, debe volcarse en la heladera unos 2,5 litros de agua por cada kg de grano aplastado. En nuestro caso, 3,2 kg x 2,5 = 8 litros. Luego esperar a que la temperatura del agua se estabilice en 77° C y, en ese momento, verter el grano molido removiendo al mismo tiempo con una cuchara grande o una espumadera de acero o plástico, pero no de madera. Con esto se impide la formación de pelotas de harina. El objetivo final es conseguir un amasijo homogéneo.

Una vez añadido el grano molido, la temperatura de la mezcla pierde casi 10° C, por lo que si se ha partido de una temperatura en el agua de 77° C se habrán alcanzado ahora 67° C dentro de la heladera. Si la temperatura es inferior, puede añadirse un poco más de agua muy caliente, y si es superior, un poco de agua fría o a temperatura ambiente hasta conseguir estabilizar el amasijo en 67° C.

Una vez alcanzada la temperatura, debe taparse la heladera con su tapa y empezar a calcular 90 minutos.

④ Lavado de la malta

Mientras la malta está en un baño de agua a 67º C durante 90 minutos, los almidones se van convirtiendo en azúcares solubles y fermentables.

Para verificar si la conversión se realizó, se deposita un poquito de jarabe de la infusión en un platito blanco y se añaden unas gotas de una solución de yodo. Si después de mezclarlo bien, sigue estando de color marrón oscuro, es señal de que no hay almidón en la mezcla. Por el contrario, si se torna de color azul violáceo, todavía hay almidón y debe esperarse un poco más antes de iniciar el lavado de la malta.

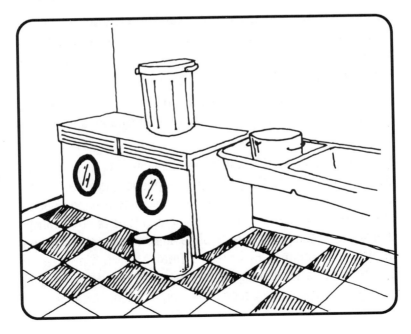

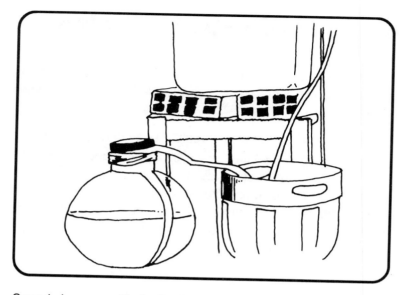

Cuando la conversión ha finalizado, comienza la siguiente fase: el lavado de la malta. Para ello, mediante un tubo de goma flexible conectado al sistema de drenaje, se realiza un sifón y empieza a drenarse el almíbar de la infusión.

Al principio el líquido obtenido será turbio, con muchas partículas en suspensión, por eso debe realizarse el filtrado con telas de filtro.

Mientras se recoge el jarabe debe observarse el nivel de agua dentro de la heladera. Cuando este nivel quede sólo a 3 o 4 cm por encima del amasijo de malta, debe empezarse a añadir poco a poco más agua caliente (70º-75º C) intentando no remover mucho al amasijo y manteniendo el nivel de agua siempre 3 o 4 cm por encima del mismo. El objetivo final es ir reemplazando paulatinamente el almíbar del interior de la heladera por agua caliente mientras éste es recogido en un recipiente exterior.

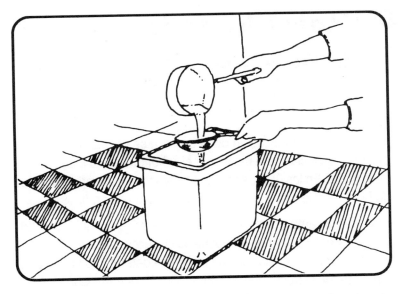

El próximo paso en la elaboración de la cerveza es hervir este almíbar dulzón junto con algo que lo contrarreste: el lúpulo.

Al hervir el jarabe se perderán alrededor de 4 litros por evaporación, por lo que se debe recoger en esta fase unos 4 o 5 litros más de los que vayan a hacerse. Por otro lado, dado que la garrafa que se va a utilizar es de unos 16 litros, se fermentan 14 litros para dejar un espacio de aire en la garrafa. Así, se recogerán 14 + 4,5 = 19,5 litros en el lavado de la malta.

Por eso se recoge jarabe y se añade agua caliente hasta recolectar alrededor de 20 litros. Al finalizar el proceso, se habrán obtenido unos 20 litros de jarabe en un garrafón y el amasijo en la heladera cubierto por completo en un baño de agua a un nivel de unos 2 o 3 cm por encima del mismo.

 Hervido de la preparación

Con los 20 litros de jarabe de malta en un recipiente, debe contrarrestarse o equilibrarse el dulzor con un sabor amargo. En los inicios de la fabricación de la cerveza se usaban todo tipo de plantas y especias para balancear el sabor dulzón de los azúcares de la malta. En los últimos tiempos se empezó a generalizar el uso de las flores de lúpulo, que los anglosajones llaman *hops*.

El grado de amargor de una cerveza se mide en unidades IBU (*International Bittering Units*). Podría definirse las unidades IBU como los miligramos de ácidos alfa en un litro de determinada cerveza. A cada estilo le corresponde un número de IBU determinado.

El lúpulo que se utiliza para aromatizar sólo se hierve cinco minutos, por lo tanto no contribuye prácticamente en nada en cuanto al

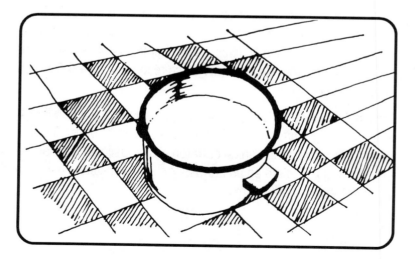

48

amargor, y el número de gramos a añadir depende del gusto personal. Si se desea que la cerveza sea aromática, hay que añadir 25 gramos de Goldings. Para los anglosajones hay un número mágico y es 1 onza (28 gr) de lúpulo de aroma por cada 5 galones (19 litros) de cerveza. En cualquier caso, cada uno debe ajustar este valor a sus propios gustos.

Los 20 litros de jarabe obtenidos en el proceso anterior se transfieren a una olla lo suficientemente grande para mantenerlos en ebullición sin que se derrame el jarabe. Conviene poner a hervir esta disolución en el fuego más grande de la cocina, o mejor aún, en un fuego portátil de exterior. Debe tenerse mucho cuidado con los desbordamientos ya que la cerveza es propensa a generar mucha espuma. Para ello conviene utilizar una cuchara grande de acero inoxidable o plástico resistente a la ebullición, nunca una de madera. Removiendo de vez en cuando con esta cuchara y siempre con el fuego justo, hay que realizar una cocción de 60 minutos en cuanto rompa a hervir la preparación.

También se añaden los lúpulos de amargor, aproximadamente 37 gramos de Brewers gold. Conviene observar que los gránulos se deshagan en partículas y la futura cerveza se convierta en un mar de partículas verdes que flotan. Es importante recordar de debe ponerse máxima atención para evitar los desbordamientos.

Hay que mantener esta cocción removiendo de vez en cuando y a fuego justo durante 55 minutos. No debe olvidarse que lo que estamos hirviendo tiene un alto contenido de azúcar y que, si el fuego no es el adecuado, se puede quemar en el fondo de la olla. Transcurridos los 55 minutos, añadir los lúpulos de aroma y hervir durante sólo 5 minutos, ya que si no, se evaporarán las esencias. Así se completa el ciclo de 60 minutos.

Luego comienza la etapa de enfriado por debajo de 30º C. Este proceso debe realizarse en el menor tiempo posible.

6 Enfriado

Para conseguir enfriar un líquido que está a 100º C hasta una temperatura ambiente, el método consiste en hacer pasar este líquido caliente confinado en un tubo por una corriente de agua fría. Para ello se utiliza un intercambiador de calor construido con un tubo dentro de otro. Por el tubo interior circula el líquido caliente y agua de la canilla por el exterior.

Como tubo exterior, se usa un tubo de goma transparente, aunque se podría utilizar una goma de riego. Como tubo interior, donde circulará la preparación caliente se utiliza un tubo de cobre con cubierta niquelada. Por la conexión rápida de color verde debe conectarse una manguera a la canilla del agua fría, y por el tubo de

cobre niquelado una manguera de plástico por donde entra el líquido que va a enfriarse. Con este acople se consigue que el tubo de cobre niquelado discurra por dentro de la manguera que lleva agua fría. En el otro extremo, se coloca otro acople similar que permite separar otra vez los dos tubos.

En ningún momento se produce contacto alguno entre los dos líquidos: el agua de la canilla y el jarabe caliente. Por otro lado deben hacerse circular los flujos en sentido contrario de forma que el agua fría de la canilla entre en el acople por donde sale el jarabe, en teoría bastante enfriado, y viceversa: el agua de la canilla sale por el acople en donde entra el jarabe hirviendo. Así se consigue que el agua, que está más fría, termine de enfriar el jarabe que estaba bastante templado.

Resumen: un tubo de goma sale de la olla por donde llega el jarabe caliente y entra en uno de los extremos del intercambiador. Por el otro extremo (por otra goma transparente que termina dentro de la garrafa), sale el jarabe frío y listo para ser fermentado. El tubo de goma que sale de la olla debe soportar temperaturas cercanas a los 100º C. Debido a eso, se le acopla una puntera de cobre realizada con el mismo tubo niquelado que circula por el interior del intercambiador. A un tubo de cobre de 50 cm niquelado se le cierra uno de los extremos con un tornillo de presión de los que se usan para sujetar en los bancos de trabajo. A esta punta cerrada se le practica un agujero con el taladro de forma que pueda recogerse el jarabe.

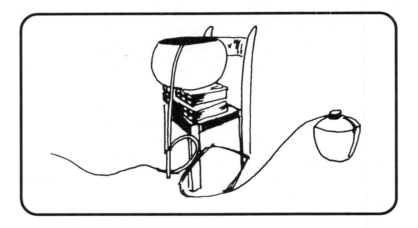

Debido a que, después del hervor al que hemos sometido nuestra disolución, quedan muchos sedimentos de lúpulos, se debe rodear la punta con una malla de acero inoxidable. Esta puntera es la que va a soportar los 100º C. Se ubica un sifón con la puntera de cobre acoplada a un tubo de plástico transparente y, una vez que empieza a surtir el agua, se acopla este tubo al intercambiador por el que ya esta circulando el agua del grifo. Transcurridos unos segundos, empezará a aparecer el jarabe ya frío por el otro extremo del intercambiador. Se espera unos segundos hasta que se aclare un poco y rápidamente se lleva la goma a la garrafa en la que se recolectarán hasta 14 litros de jarabe ya frío.

Una vez que haya finalizado el trasvase a la garrafa, se coloca un tapón para evitar la entrada de elementos indeseables: en la olla quedarán muchos restos principalmente de los lúpulos empleados en el hervor.

# 7 Fermentación

La fermentación es la transformación que sufre el medio azucarado, el jarabe, cuando es inoculado con un hongo conocido como *Saccharomyces cerevisiae* o vulgarmente "levadura de cerveza". En este encuentro, la levadura consume el azúcar presente en la disolución y produce alcohol y dióxido de carbono dando como producto final lo que se conoce como "cerveza".

Comercialmente se pueden encontrar levaduras Ale y Lager en dos formas: en cultivo líquido puro o en formato deshidratado. Por experiencia propia, los cultivos líquidos puros producen una cerveza muy superior a la obtenida con las levaduras deshidratadas, aunque estos cultivos son mucho más caros.

Si la levadura es de tipo deshidratado, se debe rehidratar antes de mezclarla con el jarabe. Para ello se hace hervir un poco de agua (un vaso), y se deja enfriar en un vaso previamente desinfectado tapado con un papel film de cocina. Una vez que el agua esté por debajo de 30º C, a temperatura ambiente, se añade el contenido del sobre de levadura seca y se agita dejándolo reposar durante 15 minutos para conseguir la rehidratación.

Por el contrario, si la levadura es líquida, habrá que seguir las recomendaciones del fabricante para reactivarla.

Si la levadura es rehidratada, se debe quitar el tapón de la garrafa que contiene el jarabe y vaciar dentro el vaso con el agua y la levadura. Por el contrario, si es de cultivo líquido, debe limpiarse el envase con un algodón empapado en alcohol y vaciar el contenido dentro de la garrafa.

Una vez hecho esto, se tapa la garrafa con el tapón y se empieza a agitar con el propósito de que el jarabe se mezcle bien con la levadura y esta mezcla se oxigene, ya que la levadura necesita de oxígeno en su proceso de conversión de los azúcares. De hecho, en los inicios de la fermentación, la levadura hace acopio de moléculas de oxígeno que utiliza posteriormente. Para esta oxigenación, se puede colocar la garrafa entre las piernas y agitarla tomándola del asa o del cuello. Unos 5 o 10 minutos de agitación pueden ser suficientes.

Como en la fermentación se producen grandes cantidades de dióxido de carbono, al mantener la garrafa herméticamente cerrada durante este proceso, podría explotar por la presión alcanzada en su interior. Por esto, se debe practicar un agujero al tapón y colocar un tubo de salida por el que pueda salir el gas. En cualquier caso, por este tubo no debe entrar ninguna bacteria, hongo o levadura salvaje del exterior que estropee todo el trabajo. Debido a esto, el

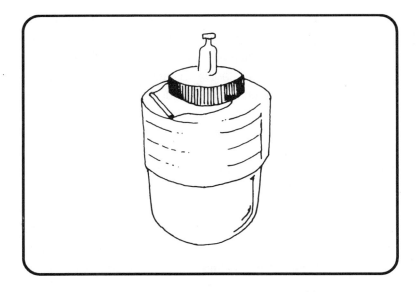

tubo diseñado con forma de "U" se llena en la parte baja del mismo con agua desinfectada de forma que el gas pueda atravesar el agua produciendo burbujas, pero las bacterias no puedan nadar en el agua y llegar hasta la fermentación. Así queda la garrafa con el tapón perforado y el tubo de salida colocado. Según la levadura empleada y la temperatura existente en casa, se empezarán a observar síntomas de fermentación en la garrafa a partir de las 12-18 horas de añadida la levadura (al proceso de añadir la levadura los anglosajones le llaman *pitching the yeast*). Estos síntomas pueden ser: burbujas de gas en el tubo de salida, burbujas de gas que suben por dentro de la garrafa, una capa de espuma que empieza a aparecer en la parte superior del jarabe, agitación interna de todo el jarabe como si estuviese "hirviendo" con grandes partículas blanquecinas de levadura, etc.

Si pasadas 24 horas no se observa ninguna actividad en el jarabe, es posible que no se haya despertado bien la levadura y siga dormida, con lo que se deberá preparar otro lote de levadura y añadirla de nuevo a la garrafa. No obstante la experiencia será la que ayudará a detectar una levadura que no funciona, ya que hay algunas que son menos bulliciosas al fermentar que otras, e incluso realizan esta primera fermentación fuerte en sólo unas horas por la noche con lo que al día siguiente el jarabe aparenta estar en calma y se cree que no ha funcionado cuando en realidad el proceso está muy avanzado.

La primera fermentación que dura de 2 a 4 días se caracteriza por su exuberancia: mucha espuma, mucho gas, etc. Se debe colocar la garrafa dentro de una palangana de plástico para recoger la espuma en el caso de que el tubo de salida se vea desbordado y salga espuma por todos lados. En este caso, debe lavárselo con agua desinfectada y volver a colocarlo en su sitio. Transcurrido este período, la fermentación comienza a suavizarse, y la levadura y los restos de lúpulo comienzan a depositarse en el fondo de la garrafa dejando sedimentos de 3 o 4 cm de espesor.

Aunque no es una práctica recomendable para el principiante ya que puede complicar el proceso, una vez finalizada esta primera fase, se hace un trasvase de la cerveza a otra garrafa desinfectada, dejando todos los sedimentos posibles en la primera garrafa, para obtener una cerveza más cristalina. Si no se realiza este trasvase, la cerveza saldrá un poco más turbia.

Transcurridos unos 15 días la cerveza estará en disposición de ser envasada en botellas.

Una forma de saber que la fermentación sigue su curso y que la levadura está funcionando es medir la densidad de la cerveza. La densidad del agua pura es 1. Si se le añade algo mas denso que el agua, la disolución resultante tendrá una densidad superior a 1. El valor típico de densidad de un jarabe al que se le acaba de añadir la levadura es entre 1,045 y 1,065. Sin embargo, una cerveza a punto de ser embotellada tiene una densidad de entre 1,010 y 1,020. Con la fermentación, la densidad baja debido a que se cambian azúcares por elementos menos densos como el alcohol etílico y el dióxido de carbono.

Un densitómetro es un aparato que tiene una ampolla de cristal con un contrapeso de plomo que flota en una muestra del líquido que se va a medir y que se hunde más o menos según la densidad del líquido. Además de determinar el fin de la fermentación (la lectura se estabiliza durante varios días en 1,018 por ejemplo), sirve para calcular el alcohol contenido de la cerveza. Como regla general aproximada, el peso del alcohol de la cerveza se puede calcular como la disminución de densidad durante la fermentación multiplicada por 105. Para calcular el porcentaje en el volumen se multiplica la cantidad obtenida por 1,25. Así, si por ejemplo, se parte de una densidad inicial de 1,050 y se termina con una densidad final de 1,015, se obtendrá aproximadamente:

1,050 - 1,015 x 105 x 1.25 = 4,6% de alcohol.

Es importante realizar una medida de la densidad de partida, ya que con medidas posteriores se sabrá si la levadura ha empezado a trabajar, si ha acabado y cuánto alcohol posee. No obstante es conveniente realizar pocas medidas posibles, pues para realizar cada una de ellas se debe abrir la garrafa, extraer parte de la cerveza con una jeringa grande desinfectada y volver a cerrar la garrafa con el tubo de salida con el riesgo de infección para la cerveza.

8 Embotellado

En el paso anterior la cerveza estaba fermentando en un garrafón de plástico de 25 litros. Transcurridos unos 15 días, la densidad de la cerveza se habrá estabilizado y la levadura, que se ha quedado sin azúcares para echar por la boca, se ha adormecido por falta de trabajo. Durante su febril actividad ha generado alcohol etílico y dióxido de carbono.

El envasado se puede realizar en dos tipos de envases: la botella marrón típica de cerveza, o un barril. La opción más común para el cervecero doméstico es el embotellado. El tamaño ideal es la botella de 1/2 litro, pero pueden usarse botellas de litro o de 3/4 de litro. Las botellas deben ser de buen vidrio, de color marrón (las mejores) o de color verde, y no deben presentar ninguna rotura o muesca, sobre todo en la boca donde se colocará el tapón.

En principio el embotellado de la cerveza no presenta demasiadas dificultades técnicas. Básicamente el proceso consiste en trasvasar la cerveza a otro garrafón en donde se la mezcla con un poco de azúcar disuelta en agua, y se reparte mediante un sifón entre todos las botellas preparadas. Por último se colocan los tapones.

Anteriormente debe realizarse una limpieza cuidadosa de todas las botellas utilizadas en el envasado. Siempre es conveniente preparar algún envase de más, pues puede que alguno se rompa en el proceso o simplemente no se haya calculado bien la cantidad de cerveza que va a embotellarse.

Para facilitar la limpieza es conveniente sumergir las botellas en un baño de agua caliente. También es conveniente utilizar un cepillo largo, para arrancar del interior posibles restos secos que se resistan al agua caliente. Al final debe disponerse de botellas sin roturas en el vidrio y sin restos de suciedad. Por último es conveniente someterlas a un baño de agua con un poquito de lavandina para desinfectarlas, (con media hora en este baño es suficiente). Para eliminar posibles sabores a cloro, enjuagar después de este baño con agua de la canilla lo más caliente posible. Luego escurrir y tapar la boca haciendo un capuchón con un poco de papel de aluminio de uso doméstico y dejar las botellas esperando mientras se continúa con el siguiente proceso.

Si se envasara la cerveza tal y como está ahora, se obtendría una cerveza sin gas totalmente desbrevada. Por lo tanto debe procurarse que se produzca una pequeña cantidad de gas dióxido de carbono en el interior de la botella. Debido a que la levadura ha consumido prácticamente la totalidad de los azúcares presentes en la cerveza, hay que añadir un poquito de azúcar al envasar para que la levadura vuelva a trabajar, producir un poco más de alcohol y especialmente gas, que es lo que se desea. La cantidad de azúcar que hay que añadir a la cerveza debe estar calculada pues si se añade poco no se conseguirá nada y si se añade mucho es peligroso pues la cantidad de gas producido podría hacer explotar las botellas.

Para no tener problemas deberá usarse la siguiente regla:

Para cervezas con...	añadir azúcar
poco gas	5 grs/litro
gas normal	6 grs/litro
fuerte de gas	7 grs/litro
¡Peligro! Puede explotar	8 grs/litro

Para añadir el azúcar a la cerveza se coloca 1/2 litro de agua a calentar (de la misma agua usada para la infusión y la cocción, es decir, sin cloro). Cuando el agua esté caliente, pero sin hervir, se apaga el fuego, se añade la cantidad de azúcar necesaria y se remueve con una cuchara limpia hasta que el azúcar esté completamente disuelta. En este caso, si se desea fuerte de gas, con 14 litros de cerveza más 1/2 litro de agua, la cantidad de azúcar que hay que añadir es de: 14,5 x 7 = 101,5 gramos de azúcar.

Para mezclar el azúcar y la cerveza se prepara un garrafón vacío de similares características que en el que está la cerveza. A este garrafón previamente desinfectado se añade la disolución de azúcar y mediante un sifón se transfiere la cerveza a este nuevo garrafón intentando no airearla demasiado en este proceso. Como el tubo de goma del sifón llega hasta el fondo del garrafón, con el propósito de que no se haga demasiada espuma al salir la cerveza, se va mezclando con el azúcar homogéneamente. Al final de este proceso, la cerveza queda mezclada con el azúcar en un nuevo garrafón, y

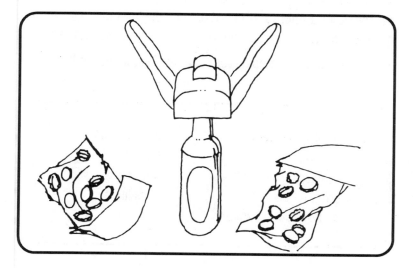

la mayor cantidad de sedimentos en el garrafón original. Estos sedimentos son restos de levadura y lúpulo. Se puede recoger una muestra en un recipiente hermético para su posterior reutilización en otro lote de cerveza.

El proceso que queda es muy sencillo y consiste en realizar un sifón con un tubo de goma y rellenar cada una de las botellas. Para facilitar este relleno es necesario disponer de algún tipo de cierre en el tubo de forma que, una vez iniciado el sifón, se pueda controlar la cerveza que se transfiere cerrando la llave cuando esté la botella casi llena. El tubo que se introduce en la botella ocupa volumen y cuando se retira bajará el nivel de cerveza que se transfirió a la botella teniendo además en cuenta que las botellas no se llenan hasta el tope. Con un poco de práctica se conseguirá embotellar la cerveza sin problemas.

Una vez llenas todas las botellas, se pasa al proceso de colocar los tapones de corcho o la tapa común de botella de cerveza.

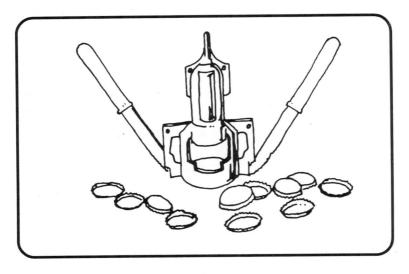

CERVEZA TIPO ALE INGLESA

Ingredientes

Para elaborar 10 litros de cerveza:

2 kilos de malta, 95% tipo Pilsen y 5% tipo Cristal
(caramelizada según el tipo inglés)

10 gramos de lúpulo

3 gramos de levadura

agua

10 gramos de azúcar

2 cucharadas de miel

8 g/litro de dextrosa o azúcar

Procedimiento

Lo primero que se hace es calentar el agua hasta unos 75º C, (que previamente se ha dejado reposar desde la noche anterior para que pierda el olor del cloro). Como este proceso lleva tiempo, se procede a moler o triturar la malta con un palo de amasar para permitir que se rompa la cáscara. También puede hacerse este procedimiento con una licuadora, en cantidades pequeñas, en el caso que no se disponga de otro elemento. Hay que evitar llegar al punto en que el grano se convierta en una especie de harina; será suficiente con que sólo lo rompa.

Las cantidades tanto de agua como de malta varían. Es conveniente preparar un poco de agua más de lo previsto. Por ejemplo, una buena manera de comenzar es obtener alrededor de 10 litros, para luego utilizar como fermentador un bidón plástico de 12 o 13 litros, que es de más fácil manipulación que los de 20 litros, y que puede calentarse en una olla de 10-15 litros.

Para esto, se deben moler aproximadamente 2 kg de malta. La maceración casera consiste en verter el producto de la molienda y mezclarlo con el agua caliente, que ha llegado a los 75º C en un recipiente. Puede ser una heladera térmica o una conservadora, de las que se usan para campamento. De esta manera la temperatura se verá reducida luego de verterla a los 62º o 65º C, durante un período de una hora aproximadamente (durante el cual se revolverá el contenido a la 1/2 hora de haberlo introducido y otra vez unos 15 minutos después). Como el grano habrá absorbido parte del líquido, se agregará en esta oportunidad otros tres litros de agua caliente a 75º C, que no solamente subirán la temperatura que habrá descendido sino que "lavarán" el grano transfiriendo los nutrientes al líquido.

Si la heladera dispone de una canilla, se la abrirá a la hora de iniciada la maceración, y saldrá un líquido de color amarillento a marrón, dulce y pegajoso. Es el mosto (observar que el mismo grano no obstruya la salida del mosto por la canilla) que viene acompañado por residuos de cáscara y grano. Entonces se "filtra" introduciéndolo una y otra vez dentro de la heladera, y haciéndolo salir por la canilla, ya que la misma cáscara actúa de filtro (para esto, controlar que el nivel de grano supere el nivel de salida de la canilla). En el caso de no disponer de una canilla, colarlo con un colador de cocina de trama lo suficientemente cerrada como para que pase el líquido y retenga el residuo del grano.

También puede repetirse este paso para lograr un líquido con menos residuos. Una vez obtenida la cantidad de mosto buscada, se procederá a calentarlo en una olla durante un período de aproximadamente una hora (cocción), proceso durante el cual se irá agregando el lúpulo a la mezcla en proporciones iguales (al inicio de la cocción, a los 30 minutos y 5 minutos antes de finalizar). A los 45 minutos de cocción, se prepararán las levaduras para luego incorporarlas una vez finalizada la cocción y el enfriamiento.

Luego de hervir unas dos tazas de agua y habiendo agregado dos cucharadas de azúcar o miel, dejar reposar hasta los 40º-45º C como máximo; una mayor temperatura eliminaría las levaduras. Se disuelve el contenido del sobre de levadura, en la cantidad necesaria para la cantidad de mosto obtenido. A este procedimiento se lo denomina "rehidratación de las levaduras" (aquellas que vienen en forma de polvo en sobres envasados en atmósfera neutra).

Una vez apagado el fuego, se debe enfriar rápidamente el mosto llevándolo a una temperatura de aproximadamente 20º C. Esto se obtiene pasando el líquido a través de una manguera y haciendo sifón. La manguera debe estar dentro de la conservadora, con varias vueltas para ampliar el recorrido, y a la vez con la conservadora llena de hielo de manera que, a la salida, el líquido llegue a la temperatura buscada.

El momento de la salida del líquido es el momento crítico, donde debe minimizarse la exposición al aire para que no sea colonizado por levaduras salvajes. Una vez vertido todo el líquido en el recipiente reservado para la fermentación, se agrega la levadura, se agita para oxigenar la mezcla y se tapa con el "globo pinchado" o bien con la válvula de fermentación, que permite la salida de los gases, pero no el ingreso del aire. Normalmente la fermentación se iniciará antes de 24 horas y se observará la formación de burbujas de gas y espuma. Si se usa la válvula de fermentación, ésta habrá concluido cuando no se observen más burbujas. Este proceso puede demorar entre cuatro a siete días. Entonces se habrá obtenido cerveza aunque le faltará un poco de gas carbónico, que se producirá naturalmente al agregar pequeñas cantidades de dextrosa o azúcar en el momento del embotellado. En una proporción máxima de 8 gramos por litro, mezclar una taza de agua caliente con azúcar o dextrosa, verter en la olla y agregar la cerveza. Luego, con una manguera, conviene cuidar que no llegue al fondo de la olla para que no arrastre residuos sólidos alojados allí. Hacer un sifón, embotellar, tapar y dejar madurar las botellas entre doce y quince días.

CERVEZA EN KITS

En Estados Unidos y Europa, se provee de kits con todo lo necesario en cuestión de equipos para principiantes, como de kits de insumos para elaboración tanto de cervezas como de vinos. El usuario recibe todos los ingredientes necesarios y la receta correspondiente e instrucciones para cada tipo de cerveza y para determinada cantidad de litros, indicando los valores a los que se arribará en cuanto a contenido de alcohol, sabor, aroma y color.

Con este método, se elimina el proceso de maceración. Este método es propicio para cerveceros principiantes ubicados geográficamente lejos de proveedores habituales de malta y demás elementos, ya que se minimiza el volumen y el peso del conjunto facilitando el envío postal de los insumos. Todo esto obviamente reduce el "efecto artesanal" de la cerveza producida, pero enriquece las variedades tanto de maltas como de lúpulos, que a menudo son difíciles de conseguir en cantidades pequeñas (aún de una sola variedad).

Para encontrar proveedores de kits listos para usar en casi todos los países del mundo, se pueden averiguar por Internet. Hay una amplia cantidad de proveedores de un hobby ampliamente difundido. Además, muchísimos distribuidores de "marcas" de diferentes procedencias: Muntons & Fison (una de las mayores y más antiguas), John Bull, Edme, Geordie (inglesas), Bierkeller (alemana),

Laaglander (holandesa), Alexander's, Premier, Northwestern (estadounidenses), Coopers (australiana), entre otras.

Además, cada fabricante ofrece un abanico de opciones. Por ejemplo, Muntons ofrece cuatro "calidades": Connoisseurs, Premium, Gold y Premium Gold. Los precios varían en función de la calidad y el contenido de cada kit para elaborar determinados litros de cerveza. Los Kits Connoisseurs pesan 2 kg y sirven para elaborar 40 pintas (unidad de medida inglesa equivalente a 575 cm^3 o 23 litros).

A la vez cada una de las cuatro calidades, ofrece varios "gustos":

Connoisseurs: Traditional Bitter, India Pale Ale Bitter, Yorkshire Bitter, Export Stout, Nut Brown Ale, Bock, Pilsner, Export Pilsner, Continental Lager, Wheatbeer.

Premium: Premium Bitte, Premium Pilsner, Premium Lager, Irish Style Stout, Midland Mild Ale, Barley Wine, Scottish Style Heavy Ale, Old Ale, American Style Light Beer, Canadian Style Beer.

Gold: Old English Bitter, India Pale Ale, Highland Heavy Ale, Dockland Porter, Imperial Stout, Continental Pilsner.

Premium Gold: Smugglers Special Premium Ale, Midas Touch Golden Ale, Old Conkerwood Black Ale.

Descripción de la receta cerveza en kit tipo Ale:

1- Sacar la etiqueta de la lata y esterilizar los elementos que van a utilizarse.

2- Calentar a baño María la lata para ablandar el contenido. Hervir 3 y ½ litro de agua.

3- Abrir la lata y verter el contenido en el recipiente fermentador.

4- Agregar el agua hervida al fermentador.

5- Agregar 1 kg de azúcar.

6- Revolver el contenido del fermentador para disolver el azúcar y el extracto de malta.

Es preferible rehidratar la levadura antes (para quienes utilizan las levaduras deshidratadas que vienen en envases de atmósfera compensada). Cuando comience el proceso de elaboración y se abra la lata, verter el contenido del sobre en agua previamente hervida, (aproximadamente 70 cm^3 o un tercio de una taza de té), y luego enfriada naturalmente a 40°-45° C, y no al revés (no verter el agua sobre la levadura).

Dejar 10 minutos y luego revolver antes de agregar al mosto. Esto ayudará a rehidratar la levadura y generar un vigoroso comienzo de la fermentación. Ésta es simplemente una técnica de rehidratación (no se ha añadido azúcar ni miel al agua tibia), que minimiza el riesgo del "shock de frío" que a veces puede producirse cuando la levadura es simplemente vertida directamente en el mosto. El principal beneficio es reducir el tiempo durante el cual el mosto es vulnerable a la infección bacteriana antes de que la levadura comience a fermentar vigorosamente.

7- Agregar el resto de agua fría necesaria para llegar a los 23 litros y observar que la temperatura llegue entre 18° y 21° C.

8- Verter el contenido del sobre de levadura (que viene en el kit) y revolver.

9- Cubrir el fermentador y colocarlo en un lugar tibio a 18°-21° C, y dejar fermentando.

10-Luego de 4 a 6 días, culminará la fermentación. Para quienes usen válvula de fermentación, cuando cese el borboteo, o para quienes usen hidrómetro o densímetro, cuando la gravedad quede constante a 1008.

Luego de dos días de la primera fermentación trasvasar la cerveza al segundo fermentador, previamente esterilizado, que deberá poseer una válvula y un sistema de ingreso del líquido sellado, que no permita el ingreso de aire. Evitar arrastrar los sedimentos que se han formado en el fondo del fermentador primario cuando se trasvase el líquido.

El objetivo de esta práctica es asegurarse que la cerveza contenga la menor cantidad de células de levadura muertas como sea posible. El uso de fermentadores con válvula minimiza el riesgo de contaminación aeróbica por bacterias.

11- Extraer la cerveza mediante sifón y trasvasarla a botellas o barril de presión. Cuidar de no arrastrar los sedimentos de levadura depositados en el fondo, y usar sólo botellas "retornables". Las "no retornables" pueden no ser adecuadas porque pueden no resistir la presión.

12- Agregar una cucharadita de té de azúcar por cada litro de cerveza que se va a envasar o la parte proporcional al envase, cuidando que la cantidad no supere los 4 gramos por litro. ·

13- Colocar la tapa y sellar las botellas o el barril, y mantener en un lugar tibio por dos días.

14- Llevar las botellas o el barril a un lugar fresco por 14 días o hasta que la cerveza se vea clara antes de beberla.

Para elaborar una cerveza en kits más rica en aroma a malta, con más cuerpo y con menos sabor a "sidra", conviene seguir una de las siguientes opciones.

- Agregar malta disecada en el paso 7, en lugar del azúcar agregada en el paso 5. Elaborará una cerveza con un sabor a malta mucho más enriquecido que en la receta común.

- Usar malta disecada levemente lupulada en lugar de azúcar para obtener una cerveza enriquecida en aroma a malta y lúpulo.

- Agregar malta disecada lupulada para enriquecer las cervezas como las *bitters* o *stouts*, para adicionarles no sólo una lupulación adicional sino también un completo sabor a malta con color oscuro.

- Si al usar la malta disecada se produjera una cerveza muy "pesada" o con otra característica no deseada, sustituir sólo la mitad del azúcar.

CERVEZA EUROPEA TIPO ALEMANA

Ingredientes

4,5 kilos de malta tipo Pilsen (pálida o incolora)
25 gramos de lúpulo
1 (uno) sobre de levadura
30 litros de agua declorada (se recoge del día anterior y se deja en reposo).

Procedimiento

1. Calentar en un recipiente el agua a 65º C.

2. Agregar la malta poco a poco que hará bajar la temperatura 58-60º C.

3. Dejar reposar durante 10 minutos, luego elevar la temperatura a 65º C y revolver constantemente.

4. Mantener la temperatura a 65º C durante 45 minutos, luego llevarla a 72º C durante 30 minutos y luego elevarla a 78º C durante 10 minutos.

5. Dejar reposar para que se separen los componentes sólidos de la malta remojada (mosto de cerveza).

6. Cuando estén bien separados, proceder al filtrado por medio de una malla de filtro.

7. Calentar el líquido obtenido a 80° C y agregarle 10 g de lúpulo.

8. Dejar 10 minutos a esa temperatura.

9. Sacar del fuego y agregar el resto de lúpulo.

10. Dejar enfriar hasta 15° C (para acelerar el enfriado colocar el recipiente con hielo alrededor en la pileta de cocina).

11. Filtrar nuevamente.

12. Añadir la levadura revolviendo vigorosamente.

13. Dejar en un lugar a 10° C durante una semana para que fermente.

14. Luego de siete días, probar la cerveza: será de color verde y todavía no tendrá el gusto a punto.

15. Dejar cuatro semanas más y luego embotellar.

16. Guardar en la heladera, pues este tipo de cerveza no tiene conservantes.

CERVEZA CASERA PEPIN

Ingredientes

20 litros de agua
1 kilo de cebada abrillantada
500 gramos de maíz amarillo
1 y 1/4 kilo de azúcar morena
25 gramos de lúpulo
25 gramos de levadura de cerveza

Procedimiento

- Colocar los 20 litros de agua en una olla de acero inoxidable con la cebada y el maíz. Dejar en remojo durante cuatro horas.

- Luego agregar el azúcar y el lúpulo.

- Hervir durante dos horas.

- Retirar del fuego y dejar entibiar.

- Aún tibio, mezclar la levadura bien diluida con un poco de agua.

- Tapar la olla y dejar en un lugar fresco durante 48 horas para que fermente.

- Filtrar con un tejido de hilo espeso, envasar en botellas y tapar bien, asegurando el tapón.

- Guardar al fresco. A los seis días estará lista para beber.

> Para hacer cerveza negra, colocar la mitad de la cebada tostada y la otra mitad abrillantada. Se prepara de igual forma.

EN RESUMEN:

1- MOLIENDA DE LA MALTA.

2- PRIMERA MACERACIÓN.

3- LAVADO CON AGREGADO DE AGUA.

4- OBTENCIÓN DEL JARABE

5- HERVIDO DE LA PREPARACIÓN.

6- AGREGADO DE LÚPULO Y OTRAS ESPECIES AROMÁTICAS.

7- ENFRIADO.

8- SEGUNDA MACERACIÓN.

9- FERMENTACIÓN CON LEVADURA.

10- EMBOTELLADO.

CONSEJOS

- Tener todo al alcance de la mano antes de comenzar para evitar improvisaciones y/o accidentes.

- Tostar parte de la malta antes de la maceración para obtener colores más fuertes.

- Agregar más lúpulo genera sabores más amargos.

- Las cantidades de agua y azúcar o miel para el activado de las levaduras son propias de cada fabricante, marca y tipo.

- Los tiempos de maceración y cocción varían de acuerdo con la densidad que se pretende lograr.

- El tiempo de fermentación depende de las cantidades de levadura y su efectividad.

- Se puede elaborar cerveza con más de una fermentación. Para eso repetir el procedimiento antes del envasado. Los kits de elaboración que se comercializan proveen de un fermentador primario de policarbonato o polietileno de alta densidad y, como fermentador secundario, damajuanas de vidrio.

- No excederse con la cantidad de dextrosa o azúcar en el momento del envasado, porque puede producir una presión superior a la que pudieran resistir las botellas realizadas de vidrio muy delgado.

- La malta de mayor disponibilidad en la Argentina es la malta Cristal o Pilsen, de la zona sur de la Provincia de Buenos Aires y el lúpulo es de la variedad Cascade, de producción nacional, proveniente de Río Negro.

PLATOS CALIENTES CON CERVEZA

POLLO
A LA CERVEZA

Ingredientes

1 kilo de pollo en trozos
1 cebolla
4 dientes de ajo
1 vaso de cerveza
Perejil
Pimienta
Aceite
Sal

Preparación

- Picar los ajos y la cebolla, y poner en la cazuela con el aceite, el pollo salpimentado y el perejil picado.

- Freír hasta que el pollo empiece a adquirir color, dando vueltas de vez en cuando para que se dore por todos lados.

- Añadir la cerveza, un vasito de agua y dejar cocer hasta que el pollo esté tierno.

- Probar la salsa para rectificar la sazón y servir.

POLLO CON ARROZ A LA CERVEZA

Ingredientes

1 pollo cortado en trozos
3 tazas de arroz
1/2 taza de cilantro picado
1/2 taza de arvejas
1/2 taza de zanahorias en cubitos
1/2 c de comino en polvo
3 dientes de ajo picados
2 C de ají molido
1 cebolla picada
1 choclo desgranado
1 hoja de laurel
1 taza de cerveza
Aceite, sal y pimienta

Preparación

- Salpimentar los trozos de pollo y freírlos en aceite a fuego bajo hasta que estén doradas y retirarlas.

- En el mismo aceite, freír la cebolla y el ajo, salar, agregar el ají molido y rehogar unos minutos.

- Añadir las arvejas, la zanahoria, el comino, el laurel, el cilantro y cocinar unos minutos más; luego agregar la cerveza.

- Dejar que hierva e incorporar el choclo, 2 y 1/2 tazas de agua hirviendo y el arroz; mezclar bien y cocinar a fuego bajo.

- Cinco minutos antes de terminar la cocción, incorporar las presas de pollo y mezclar bien. Servir con salsa de cebolla.

LOMITO EN SALSA DE CERVEZA

Ingredientes

5 medallones de lomito
1 cerveza negra (Guinnes o similar)
450 g de hongos (setas)
1 C de harina (para espesar)
1 taza de caldo de carne vacuna o de pollo
1 cebolla picada fina
Sal y pimienta

Preparación

• Aderezar los lomitos con sal y pimienta.

• Colocar a fuego fuerte de ambos lados para sellar y dorar.

• En una sartén agregar parte del jugo de los lomitos, y freír las cebollas hasta que estén doradas, luego agregar los hongos, el caldo y la cerveza.

• Dejar que se evapore el alcohol y se reduzca el líquido.

• Agregar el resto de jugo de los lomitos, condimentar con sal y pimienta a gusto.

• Cuando esté listo, espesar con la harina.

• Agregar los lomitos y dejar durante un minuto para que absorba la salsa.

CONGRIO
A LA CERVEZA

Ingredientes

1 kilo de congrio en rodajas
1 cebolla
12 langostinos pelados
2 dientes de ajos
2 C de harina
Sal, pimienta y aceite
Pimentón dulce
Perejil
1 copa de cerveza

Preparación

• Limpiar y salpimentar el pescado.

• Picar la cebolla y filetear los ajos, y después ponerlos a dorar en una cazuela.

• Incorporar el pimentón y la harina, mezclar todo y añadir la cerveza.

• Introducir el congrio en la cazuela y dejar cocer durante un cuarto de hora.

• Dar vuelta el pescado a mitad de la cocción.

• En una sartén saltear los langostinos en aceite y añadirlos a la cazuela en los tres últimos minutos de cocción.

• Espolvorear con perejil picado y servir.

CERDO
A LA CERVEZA

Ingredientes

4 C de cerveza
2 C de manteca
2 bananas cortadas en trozos y fritas
2 dientes de ajo
1/2 kg de carne de cerdo
1 cebolla mediana
1 c de pimentón dulce
1 c de orégano
1 C de jugo de limón
1 kg de papas fritas
1/2 c de comino
Sal

Preparación

• Cortar la carne de cerdo primero en tiras y luego en cubos.

• Colocar en la licuadora los ajos junto con la cebolla, el comino, el pimentón, el orégano, el jugo de limón, la cerveza y la sal, y batir hasta obtener una masa espesa. Esta preparación se usa para sazonar las carnes.

• Luego dejar reposar durante una hora.

• Calentar la manteca en una sartén y freír lentamente la carne hasta que esté dorada por afuera y tierna por adentro.

• Servir con las papas y las bananas fritas.

SALCHICHAS A LA CERVEZA

Ingredientes

6 salchichas
1 cebolla blanca
1 pimiento rojo
1 pimiento verde
3 tazas de arroz
1 repollo en rodajas
1 ajo
1 taza de aceite
1/2 taza de cerveza
1 C de orégano
Sal, ají molido, pimienta y comino a gusto

Preparación

• Poner a hervir el arroz en una olla con agua.

• En una sartén colocar el aceite y freír las salchichas cortadas en cubitos.

• Cuando las salchichas estén fritas, agregar los demás ingredientes y el arroz a punto.

• Dejar cocinar hasta la primera ebullición.

• Servir caliente.

LOMOS DE MERLUZA CON CERVEZA

Ingredientes

4 lomos de merluza de 180 g cada uno
50 g de manteca
2 C de aceite
3 cebollas
100 g de harina
50 cl cerveza tipo Veltins
1 C de caldo de carne
Aceite para freír
Sal y pimienta a gusto

Preparación

- Pelar y cortar una cebolla en rodajas finas, poner 20 g de manteca a derretir y rehogar en ella la cebolla hasta que empiece a tomar color, verter la cerveza y dejar cocer a fuego bajo vigilando que la cerveza no hierva.

- Añadir el caldo de carne y agregar el resto de la manteca en trozos; salpimentar y reservar.

- Pelar y cortar en rodajas las otras dos cebollas, pasarlas por harina y freírlas en aceite caliente.

- Cocinar los lomos de merluza a la plancha, pintarlos antes con aceite y dejarlos de 3 a 5 minutos de cada lado.

- Servir los lomos con bastante salsa de cebolla encima y acompañarlos con las rodajas de cebolla fritas. Servir bien caliente.

CODORNICES A LA PARRILLA

Ingredientes

12 codornices
2 cebollas grandes
3 dientes de ajo
3 C de vinagre
1 taza de agua
1/2 taza de aceite
1 taza de cerveza
Hierbas aromáticas
Perejil
Cilantro
Sal y pimienta a gusto

Preparación

- Lavar las codornices y condimentar con sal y pimienta.

- Procesar la cebolla, los ajos, las hierbas aromáticas, el aceite, el vinagre y el agua.

- Bañar las codornices con la mitad de la preparación y la cerveza.

- Dejarlas reposar durante 2 horas.

- Calentar la parrilla y colocar las codornices.

- Continuar bañándolas con el resto de la salsa hasta que queden bien asadas.

SPAGHETTI A LA CERVEZA

Ingredientes

1 lata de cerveza
2 c de aceite de oliva
1 cebolla picada
2 dientes de ajo
500 g de carne picada
2 y 1/2 tazas de salsa de tomate
1 c de azúcar
1 c de sal
1 c de pimienta negra
1/2 c de orégano
8 hojas de laurel
1 c de perejil cortado en trocitos
500 g de fideos spaghetti

Preparación

- En una sartén grande cocinar la cebolla con el aceite a fuego medio hasta que la cebolla se ablande.

- Agregar los dientes de ajo y la cerveza hasta que adquieran un color marrón dorado.

- Agregar la salsa de tomates, el azúcar, la pimienta, la sal y las hojas de laurel.

- Cubrir la olla y reducir el fuego, agregar los trocitos de perejil y cocinar durante una hora.

REPOSTERÍA

TORTA PATAGÓNICA DE CHOCOLATE

Ingredientes

1/2 taza de cerveza
1/2 taza de chocolate amargo rallado
1/2 taza de agua hervida
1 c de vinagre
1 c de vainilla
2/3 taza de leche
1/2 taza de margarina
1 y 1/2 taza de azúcar
2 huevos
2 tazas de harina
1/2 c de sal
1 c de bicarbonato de sodio
1 c de polvo de hornear

Preparación

- Mezclar el chocolate con el agua hervida en un bol hasta que se convierta en una pasta suave.

- Agregar lentamente la cerveza y dejar enfriar.

- Mezclar el vinagre, la vainilla y la leche en una taza.

- Mezclar la margarina, agregando lentamente el azúcar hasta que se forme una pasta cremosa y esponjosa.

- Agregar los huevos sin dejar de mezclar, incorporar la harina a la sal, el bicarbonato de sodio y el polvo de hornear.

- Agregar la cuarta parte del sólido a la margarina.

- Añadir la leche y el vinagre, luego la cuarta porción de harina, mezclar y luego incorporar la mitad de la mezcla de chocolate y cerveza. Verter hasta terminar con la última parte de la harina.

- Colocar la mezcla en un molde previamente aceitado.

- Hornear a 180º C durante 40 o 45 minutos.

- Luego dejar enfriar.

FLAN A LA CERVEZA

Ingredientes

6 manzanas verdes
75 g manteca
290 g azúcar
4 huevos
4 C leche
4 C de cerveza
1 C de crema

Preparación

- Batir los huevos junto con 150 g de azúcar hasta que blanqueen.
- Disolver luego con la leche, la cerveza y la crema, y mezclar bien.
- Calentar el horno a temperatura media.
- Preparar un caramelo con 100 g de azúcar y 1 taza de agua.
- Forrar el molde de flan con el caramelo y hornear a baño María.
- Dejar enfriar y colocar en la heladera.
- Descorazonar las manzanas sin llegar al fondo y rellenar los huecos con 75 g de manteca y 40 g azúcar.
- Disponerlas en una fuente y colocarlas al horno muy caliente durante 5 minutos.
- Sacarlas y cuando estén tibias, coronar cada una de ellas con un trozo de flan bien frío.

TORTA CON CERVEZA NEGRA, FRUTAS SECAS Y ESPECIAS

Ingredientes

1 y 1/2 taza de harina integral

1/2 taza de harina común

1/2 C de jengibre molido

1/2 C de canela molida

1 C de bicarbonato de sodio

1/2 C de sal

12 C de manteca sin sal a temperatura ambiente

1 y 1/4 taza de azúcar morena

4 huevos grandes

1 c de esencia de vainilla

1 taza de uvas pasas

1/2 taza de orejones de durazno, picados

2/3 de taza de orejones de manzana, picados

3/4 de taza de nueces, picadas

1/4 de taza de cerveza negra

Preparación

- Precalentar el horno a 175° C.
- Enmantecar un molde pequeño y forrar el fondo con papel encerado y enmantecado.
- Cernir juntos la harina integral, la harina común, el jengibre, la canela, el bicarbonato y la sal.
- Aparte, con una batidora eléctrica, batir la manteca y el azúcar.
- Agregar los huevos uno por uno y al final agregar la vainilla.
- Añadir la mezcla de harinas, luego las frutas secas y por último, la cerveza.
- Verter la mezcla en el molde y hornear hasta que, al introducir un palillo, éste salga limpio.
- Dejar enfriar la torta durante 10 minutos, y desmoldar mientras todavía esté tibia.

BOLLITOS DE CERVEZA

Ingredientes

2 tazas de harina leudante
1/2 taza de manteca
1/2 taza de jugo de naranja
1/2 taza de cerveza
1 c de esencia de vainilla
2 huevos
1 taza de azúcar
1/4 taza de pasas de uva picadas
1/4 taza de nueces picadas

Preparación

- Mezclar la harina con la manteca, el jugo de naranja, la cerveza y la esencia de vainilla.

- Batir las claras a punto de nieve, agregar el azúcar y las yemas de huevo.

- Combinar las dos preparaciones anteriores hasta formar una masa suave y homogénea.

- Luego añadir las pasas de uva y las nueces picadas.

- Formar unos bollitos y colocarlos en una fuente para horno enharinada y enmantecada.

- Cocinar en horno moderado hasta que se doren.

CÓCTELES
CON CERVEZA

ALE FLIP

Ingredientes

1/4 litro de cerveza tipo Ale
2 claras de huevo
4 yemas de huevo
4 C de azúcar
Nuez moscada a gusto

Preparación

- Poner a hervir la cerveza a fuego bajo.
- Mientras tanto batir a punto de nieve las claras mezcladas con el azúcar.
- Añadir las yemas y verter la mezcla en la cerveza.
- Mezclar lentamente y batir hasta obtener espuma de la cerveza.
- Servir en jarra de cerveza y decorar con nuez moscada espolvoreada.

TÍO JOHN

Ingredientes

3/5 litros de cerveza tipo Ale
1/5 litro de ron de Jamaica
1/5 litro de calvados
Canela en rama

Preparación

- En una jarra de cerveza verter un poco de cerveza, y añadir el ron y el calvados, y mezclar suavemente.

- A continuación, añadir el resto de cerveza y adornar con las ramitas de canela.

COLINA BLANCA

Ingredientes

3/4 litro de cerveza
1/4 litro de campari

Preparación

- Mezclar la cerveza y el campari directamente en una jarra y remover suavemente.

AMAPOLA NEGRA

Ingredientes

1/4 litro de cerveza negra

1/4 litro de cerveza rubia

1 chorro de coñac

1 chorro de champán

Preparación

• La mezcla se realiza directamente en una jarra.

• Una vez combinado todo correctamente, terminar de llenar la jarra con champán muy frío.

PATAGONIA

Ingredientes

1/2 litro de cerveza

1/4 litro de champán

1 C de crema batida y una frutilla

Preparación

• Preparar en la jarra o copa. Ambos ingredientes deben estar muy fríos. No remover para no hacer demasiada espuma.

• Colocar encima un copete de crema y la frutilla cortada en el borde de la copa como adorno.

REY FRUTADO

Ingredientes

1 botella de cerveza inglesa "bitter"
1 medida de aguardiente de ciruela
1 C de zumo de limón
1 rodaja de limón pinchada con 3 o 4 clavos de olor

Preparación

- Verter el zumo y el aguardiente en una jarra de cerveza.

- Colocar la rodaja de limón en la jarra y dejar reposar 3 o 4 minutos. Al final completar con la cerveza bien fría.

LADY GOLDEN

Ingredientes

1/4 litro de cerveza dorada
1 toque de ron
1 toque de calvados
1 rodaja de manzana

Preparación

- Verter los ingredientes en una jarra o vaso alto.

- Remover suavemente y decorar con una rodaja de manzana.

PIÑATA

Ingredientes

1/4 litro de cerveza rubia

3 c de zumo de ananá (piña)

Preparación

- Verter el zumo de ananá con una pequeña cantidad de cerveza en un vaso alto.

- Remover bien y completar con la cerveza.

NIDO DE CÓNDORES

Ingredientes

1/4 litro de cerveza rubia

6 yemas de huevo

3 C de azúcar

1 chorrito de anís seco

Preparación

- En una ponchera batir las yemas de huevo junto con el azúcar. Añadir el anís y la cerveza.

- Remover bien y servir en un vaso alto decorado con un poco de canela en rama.

CERVEZA VERDE

Ingredientes

1/4 litro de cerveza rubia

2 C de curaçao azul

1 rodaja de limón

Preparación

• Verter los ingredientes en un vaso alto con cubitos de hielo.

• Remover suavemente y decorar con una rodaja de limón.

PONCHES Y SANGRÍAS

PONCHE XOMEZANA

Ingredientes

1/4 litro de cerveza rubia
6 yemas de huevo
3 C de azúcar
1 chorrito de anis seco
Canela a gusto

Preparación

• En una ponchera batir las yemas con el azúcar.

• Añadir el anís y la cerveza.

• Remover bien, servir en un vaso alto, con un poco de canela

PONCHE BAHÍA

Ingredientes

4 huevos enteros
2 yemas de huevo
2 potes de leche condensada
1 C de vainilla
1/4 litro de ron
1 litro de cerveza negra fría
Nuez moscada en polvo, a gusto

Preparación

• Batir los huevos y las yemas.

• Agregar poco a poco la leche condensada, la vainilla y el ron.

• Servir una mitad de ponche con una mitad de cerveza.

• Remover y espolvorear con nuez moscada.

SANGRÍA LOREDO

Ingredientes

1/4 litro de ron
4 C de azúcar
1 vaso de ginebra
1 vaso de vodka
1 vaso de jugo de limón y de naranja
1 litro vino tinto
1 piña
1 manzana
1 melón
1 litro de cerveza

Preparación

• Verter todos los ingredientes líquidos en una jarra grande.

• Picar las frutas y agregar.

• Dejar reposar en la heladera.

SANGRÍA ASTUR

Ingredientes

2 litros de agua helada azucarada
2 botellas de 3/4 de vino tinto bien frío
1 ananá fresco picado
Nuez moscada en polvo, a gusto
2 vasos de cerveza
Jugo y corteza de 2 limones
1 manzana verde picada
1/2 taza de licor de cereza marrasquino
1 vaso de sidra

Preparación

- Mezclar bien el agua helada azucarada, el ananá picado, la nuaz mosacada, el jugo y la corteza de limón, la manzana verde y el licor de cerezas.

- Al final agregar el vino, la cerveza y la sidra.

CREMA DE CERVEZA NEGRA

Ingredientes

1/2 taza de crema de leche
2 tazas de cerveza negra
1 huevo
Azúcar, a gusto

Preparación

• Licuar el huevo e ir añadiendo (mientras se bate) la crema, la cerveza negra y el azúcar.

• Servir inmediatamente en vasos medianos espolvoreando canela molida por encima.

CONSEJOS PARA SABOREAR CERVEZA

¿Qué temperatura es la más adecuada para beber cerveza?

La cerveza rubia se debe servir a una temperatura de alrededor de 5º C.

Una cerveza más fría desarrolla menos espuma por la menor evolución del gas carbónico.
Una cerveza más caliente desarrolla una espuma menos consistente.

¿Es correcto servir la cerveza con el envase congelado?

Los vasos, las copas o las jarras en los que se debe servir la cerveza nunca deben estar congelados porque no favorecen la espuma del producto y su apreciación visual.

¿Qué componentes se deben observar a la hora de saborear una cerveza?

• El brillo del producto y su transparencia.
• Una espuma cremosa y atractiva.
• Un servicio esmerado.

¿Cuál es el aroma característico de una cerveza?

El aroma que debe percibir un consumidor debe ser el de la finura del lúpulo y la malta.

¿Qué sabor se debe apreciar cuando se saborea una cerveza?

Para distinguir una cerveza de otra mediante el sabor, hay que tener en cuenta el alcohol, el amargor, el cuerpo, el frescor y la sensación residual agradable que invita a seguir bebiendo.

¿A qué se deben los diferentes colores en la cerveza?

El color se obtiene por el mayor o menor tostado del cereal durante el malteado. Los colores (rubia, negra, tostada o blanca), no implican necesariamente ningún sabor asociado.

¿Cómo debe ser el vaso en el que se sirva la cerveza?

• El vaso debe ser de cristal porque pesa menos que el de vidrio y, como resultado, la cerveza se calienta menos.

• Debe estar perfectamente limpio.

• Debe estar mojado en agua fría antes de llenarlo con cerveza para que las paredes queden recubiertas de una película de agua que evita la formación de burbujas en la pared y en el fondo. La cerveza gana mucho en presentación.

Pasos para tirar la cerveza de barril, de lata o de botella adecuadamente:

1. Humedecer y escurrir el vaso; situar el recipiente a una distancia suficiente para que la cerveza, al caer, se bata suavemente con el fondo y se llene de líquido y espuma.

2. La espuma cremosa se forma durante el tiraje y se controla con la inclinación del vaso: primero a 45º, después en forma vertical.

3. La consistencia de la espuma es importante: su corona debe medir de 1,5 a 2 cm en el vaso.

4. Si se desea obtener una cerveza con espuma de aspecto compacto, este procedimiento debe hacerse en varios tiros, dejando reposar el producto entre ellos.

PROVEEDORES DE INSUMOS

Empresa: **Malteurop**
Producto: Malta pálida
Dirección: Santa Catalina 1142, Llavallol, Buenos Aires
Teléfono: (011) 4231-5400

Empresa: **Minicervecería**
Productos: Insumos y equipamiento en general
Web: www.minicerveceria.com

Empresa: **El Lupular S.A.**
Producto: Lúpulo variedad cascade en pellets
Dirección: Av. San Martín 2740, El Bolsón, Río Negro
Teléfono: (02944) 492223

Empresa: **Cerveza Casera**
Productos: Lúpulos, levaduras, equipos, malta, etc.
Web: www.cervezacasera.com.ar

GUÍA DE CONSULTA EN INTERNET

MARCAS DEL MUNDO

MAHOU (castellano). www.mahou.es

CRUZCAMPO (castellano). www.cruzcampo.es

HEINEKEN (inglés). www.heineken.com

PILSNER URQUELL www.pilsner-urquell.com

AGUILA (castellano). www.cervezaaguila.com

BUDWEISER (inglés). www.budweiser.com

CRISTAL (castellano). www.cristal.com.pe

PILSEN (castellano). www.pilsencallao.com

KUNSTMANN (castellano). www.cerveza-kunstmann.cl

POLAR (castellano). www.empresas-polar.com

AUSTRAL (castellano). www.cerveza-austral.cl

EL BOLSÓN (castellano). www.cervezaelbolson.com

DOBLE URUGUAYA (castellano). www.dobleuruguaya.com.uy

MEISTER (castellano/inglés). www.beermeisters.com

VIEJO MUNICH (castellano). www.cervezaartesanal.com

AUSTRIAN BEER (inglés). www.austrianbeer.com

BASS (inglés). www.bassale.com

BAVARIA (inglés). Web oficial www.bavaria.com

BIG ROCK (inglés). Web oficial www.bigrockbeer.com

CARLSBERG (inglés). Web oficial www.carlsberg.com

ALHAMBRA (castellano). Web oficial www.cervezasalhambra.es

DAMM (castellano). Web oficial www.damm.es

ESTRELLA GALICIA (castellano). Web oficial www.estrellagalicia.es

FOSTER'S (inglés). Web oficial www.fostersbeer.com

MILLER (inglés). Web oficial www.millerbrewing.com

MURPHY'S (ingles). Web oficial www.murphysbeers.com

PERONI (inglés/italiano). Web oficial www.peroni.it

SAN MIGUEL (castellano). Web oficial www.sanmiguel.es

SARANAC (inglés). Web oficial www.saranac.es

ORGANIZACIONES, ASOCIACIONES Y CLUBES

Centro de información Cerveza y Salud (castellano).
www.cervezaysalud.org
Organización que fomenta el consumo responsable y saludable de la cerveza.

A.E.T.C.M. (castellano) www.aetcm.com
Asociación Española de Técnicos de Cerveza y Malta

ALAFACE (castellano) www.alaface.com
Asociación Latinoamericana de Fabricantes de Cerveza

Catalunya Home Brewers (castellano) www.cablecat.com
Asociación cuyo objetivo es dar a conocer la cultura cervecera y la elaboración casera.

Cervezas del mundo (castellano) www.cervezasdelmundo.com
Club en el que envían mensualmente una serie de cervezas de todo el mundo.

Cerveceros de España (castellano) www.cerveceros-es.com
Datos sobre la cerveza en España.

Cervigal S.L. (castellano) www.cervigal.com

El maravilloso mundo de la cerveza (castellano) www.terra.es

Club de cerveza CELCE (castellano) www.uv.es
Club que se dedica a la colección de latas y etiquetas de cerveza.

Club de las grandes cervezas (castellano)
www.cervezasdelmundo.com
Club virtual para amantes de la cerveza.

Internationaler Brauereikultur (inglés) www.ibv1958.de
Asociación para amantes de la cerveza.

Cerveceros Digitales (castellano) www.members.es.tripod.de
Novedades, proyectos, historia.

Breweriana Fábricas de cerveza en España
(www.multimania.com)

PASATIEMPO

Mundo Cervecero (castellano). www.geocites.com
Para convertirse en un experto cervecero.

Cervezas on-line (castellano). www.cervezasonline.com
Portal del mundo cervecero.

Cervecería.info (castellano). www.cerveceria.info
Página web dedicada a la cerveza artesanal.

Bar virtual Damm (castellano). www.damm.es
Bar virtual para informarse.

Bierwinkel (castellano). www.bierwinkel.es
Cadena de franquicias de cervecerías centroeuropeas y distribución de cervezas de importación.

Elaboración artesana de cerveza casera (castellano). www.members.tripod.com
Para aprender a hacer uno mismo la cerveza.

La cerveza (castellano). www.sspain.com
Historia, elaboración, clasificación y otros temas.

Noticias cerveceras (castellano). www.aetcm.es
Una selección de las más importantes noticias sobre la cerveza de los últimos dos años.

Bar&Beer (castellano). www.cervigal.com
Publicación bimestral gratuita sobre la cultura de la cerveza.

Brewerian Net (inglés). www.craftbrewers.com
Para coleccionistas.

Catar (castellano). www.redint.com
Seis pasos para catar correctamente una cerveza.

Diccionario cervecero (castellano). www.redint.com
Las palabras que son necesarias para hablar sobre la cerveza correctamente.

Cerveza.com (inglés). www.cerveza.com
Guía de cervezas, fábricas y revistas.

Cerveza Casera (castellano). www.cervezacasera.com.ar
Estadísticas, foros y noticias.

Cerveza y salud (castellano). www.cervezaysalud.org
Página web que resalta las características saludables de la cerveza.

KBS Beer Bottle Collection (inglés). www.tuoppi.oulu.fi
Para comprobar lo que piensan otros al probar más de 1.800 tipos distintos de cerveza.

ÍNDICE